The eve of a World crises

世界恐慌前夜

浅井隆

第二海援隊

プロローグ

私たちは人類史上最悪の状況に直面している

二〇〇八年のリーマン・ショックから七年が経った。世界経済は不安材料を抱えながらもなんとか平穏を保ってきた。ところが二〇一五年夏、中国経済の減速をキッカケとして世界の株式市場に激震が走った。その後、日経平均も落ちつきを取り戻し、世界経済も一見安定したかに見える。

では、コトはこれで収まったのか。答えは「ノー」である。実は、これから本番がやってくるのだ。それを暗示するように、二〇一六年年明けから再度株価の暴落が起きた。これらはあくまでも前兆に過ぎない。そして、歴史の法則とパターン性を詳しく紐解くと、二、三年以内に中国発の世界大恐慌がやってくることがわかる。その理由と恐るべき実体が、本書で明かされる。

脅すわけではないが、今回だけは身構えた方がよい。理由も明白だ。まず第一に、リーマン・ショック後の様々な対策のために世界中の政府が借金をしまくって、今後何かが起きた場合、それに対応するための余力がほとんど残されていないのだ。

第二に、リーマン・ショック対策のためになされた超低金利政策によって世界中の民間企業と個人もここぞとばかりに借金をしまくって、今や全世界の民間債務が歴史上最悪水準にまで膨れ上がっているのだ。

このタイミングで何かが起これば、膨れ上がった債務が大爆発を起こして世界経済は取り返しのつかないことになってしまう。

このようなわけで、私たちは〝人類史上最悪の状況〟に直面している。その時起こる内容を詳しく理解し対策をとるかどうかで、あなたの運命が大きく変わるだろう。その意味で本書は必読書であり、何度も読まれて厳しい時代の生き残りのよすがとしていただきたい。

二〇一六年一月吉日

浅井　隆

世界恐慌前夜――目次

第三章　新興国経済の悲惨

第四章　日本の本当の状況とは
——構造的に衰退し、負け続ける国

第五章　恐慌の歴史と教訓

第六章　サバイバルの方策

エピローグ

第一章
パニックの前兆

二〇一五年夏と二〇一六年年明けに世界市場で起こったこと

二〇一五年夏、世界市場に突然の嵐がやってきた。

始まりは、六月末のギリシャ危機だった。ギリシャが銀行休止（実質的銀行封鎖）を実施し、世界中が驚いた。そして、その直後の七月初めに中国発のミニ株暴落がやってきて世界中の投資家をヒヤっとさせた。しかし、これはあくまでもパニックの前兆に過ぎなかった。本番は、暑い夏が終わる頃に突然やってきた。八月下旬のことである。中国版「ブラックマンデー」の登場である。

次ページの日経平均のチャートを見ると、その間の流れが手にとるようにわかる。七月初めにミニ下落を起こし、八月末にかなり激しい大暴落が発生し、それが九月末まで尾を引いている様が見てとれる。

八月末の状況は、まさにパニックと呼ぶにふさわしいほどのものだった。日経新聞の見出しがその様をありありと語っている。

日経平均株価

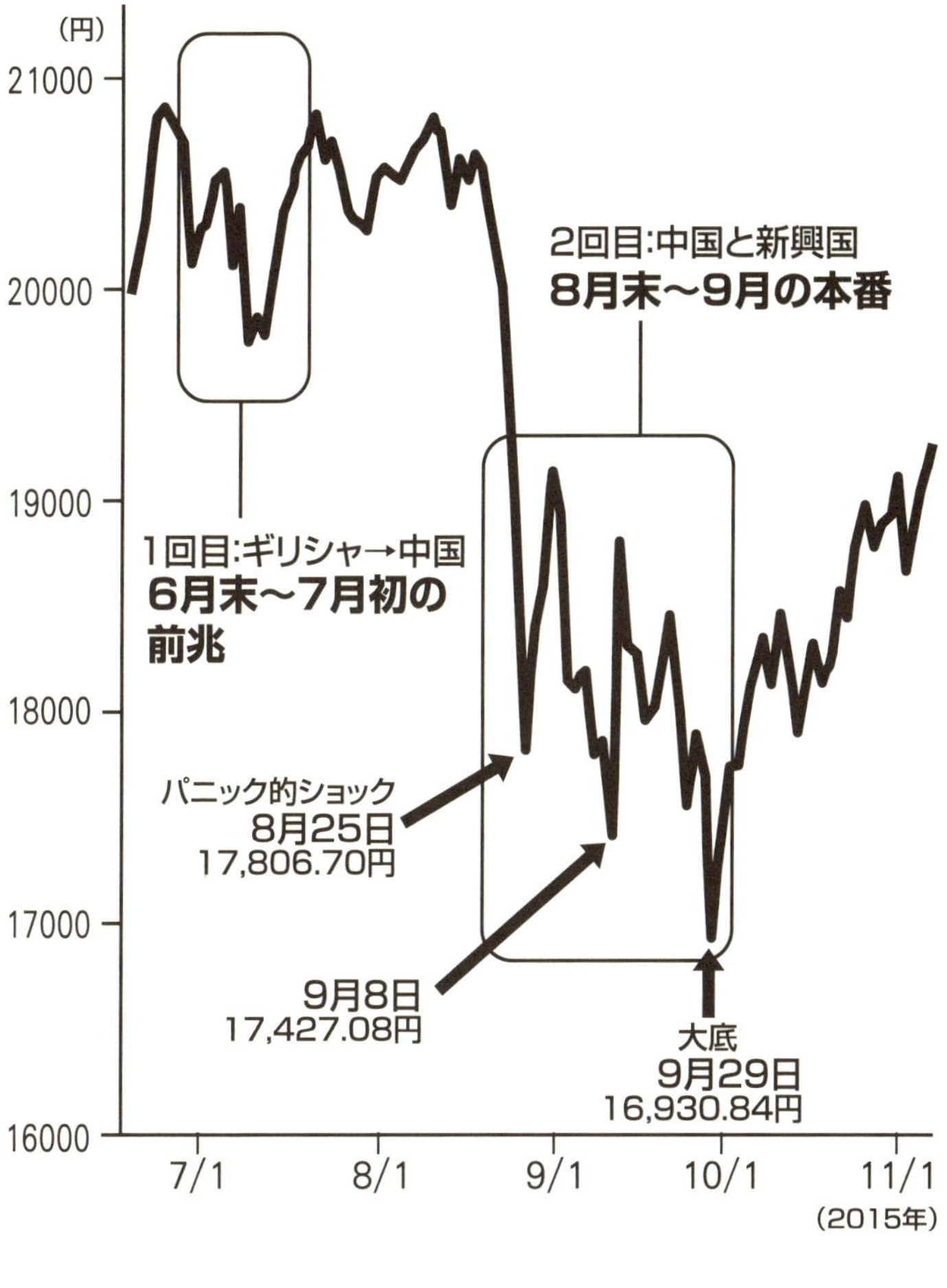
(円)
21000
20000
19000
18000
17000
16000
7/1
8/1
9/1
10/1
11/1
(2015年)
1回目:ギリシャ→中国
6月末〜7月初の前兆
2回目:中国と新興国
8月末〜9月の本番
パニック的ショック
8月25日
17,806.70円
9月8日
17,427.08円
大底
9月29日
16,930.84円

——「原油六年五カ月ぶり安値、NY一時四一ドル台、中国不安強く、銅・金にも売り波及」（日本経済新聞夕刊二〇一五年八月一四日付）

これはあくまでも前ぶれである。この後、世界の株式市場は阿鼻叫喚の地獄に入っていく。

——「日経平均、一時二万円割れ　中国不安、世界に波及　円、一ヵ月ぶり一二二円台後半」（日本経済新聞夕刊二〇一五年八月二一日付）

それが、翌日の報道になると様相が一変する。

——「マネー萎縮　株安連鎖　NY株一時三〇〇ドル下げ　日経平均五九七円安　世界景気変調を警戒」（日本経済新聞朝刊二〇一五年八月二二日付）

という風に報道の中身が変わり、まさに金融危機一歩手前という雰囲気が出てくる。実際、この頃になると世界中の投資家がパニック的行動を起こし始めた。中国経済の変調を出発点とする世界的な景気大減速への警戒感から、恐怖で萎縮した投資家たちが株式や社債などから先進国の国債、金《きん》といった安全資

すわ、金融危機か!?

2015年8月末、世界市場はパニックに陥った（日本経済新聞より）。

産へ資金を移し始めたのだ。
さらに、当事者の中国政府自体が大パニックとなり、慌てふためいて何でもありの政策を打ち出したために、かえって世界中の投資家が「中国は我々が考えている以上に深刻な状況なのではないか」と疑心暗鬼になった。そして、さらに「売り」を加速させた。中国政府の反応の異常さは、次の文章で理解できる。

中国政府は株価の暴落を食い止めるために様々な対策を講じた。まず当局は空売りを制限、違反者は逮捕するとした。大手投資信託と年金基金には株式の購入を誓約させた。政府は株式公開を停止、中央銀行のバックアップで投資家が株式を購入するための基金を設立した。中国市場の八〇％以上を占める個人投資家に訴えるために国営メディアを通じて株式の購入を促した。さらに中国証券監督管理委員会（CSRC）は企業の五％を超える株式を保有する大株主がその株を売却

することを半年間禁止した。これら対策の結果市場は六％持ち直した。さらに七月八日から株式市場の四五％にあたる一三〇〇社の株式の取引を停止した。

（Wikipedia より）

週末をまたぐと事態は一挙に悪化した。

「日経平均一時八〇〇円超下げ　一万九〇〇〇円割れ　円高、一二〇円台後半　上海株八％安　アジア株、軒並み下落」

（日本経済新聞夕刊二〇一五年八月二四日付）

そして運命の八月二五日、日米両国の株式市場も円相場も乱高下するというセリング・クライマックスに突入した。

「日米株が乱高下　日経平均七九三円安↓一時二九四円高」「円も値動き荒く　欧米で一一六円台↓東京で一二〇円台」

（日本経済新聞夕刊二〇一五年八月二五日付）

この間の事情を日経ヴェリタスは次のように表現している。

中国発の嵐が世界を襲った。相場は乱高下し、日経平均株価は八月二四日に二年三ヵ月ぶりの下げ幅となった後で二六日には今年最大の上げ幅を記録、一週間でみれば安値から八割戻した。だが、嵐は本当に去ったのか。「黒色星期一（ブラックマンデー）」——。上海総合指数が八年ぶりの下落率を記録した二四日、「台風の目」の中国では国営新華社が世界同時株安をそう表現した。

（日経ヴェリタス二〇一五年八月三〇日付より）

そして年が明けて二〇一六年の大発会。このめでたいはずの年明けの初日に、日経平均は一時六三九円安と大暴落した。原因は、中国人民元の急落であった。その後、日経平均は六日間で計一八一五円も下落した。大発会以来六日間連続の下げは戦後初のことであり、まさに異常事態となった。株価は半年後の経済状況を先読みして動くといわれているが、これはパニックの前兆といってよい。

その頃、海外ではあの高名なジョージ・ソロスが次のような不気味な発言をしていた。「二〇〇八年のリーマン・ショックを超える〝危機〟が迫っている」と。

すべての原因は、中国の大減速

そこで、なぜこのようなコトが起きたのか、これから何が起きるのかを深く掘り下げてながめてみよう。

「二〇〇八年のリーマン・ブラザーズ・ホールディングス破綻とその後の世界的な金融危機に匹敵する規模の緊急事態をいずれ招く」（米ブルームバーグ八月一三日付）――仏ソシエテ・ジェネラルでグローバル・ストラテジストを務めるアルバート・エドワーズ氏は、中国の株式暴落とそれに続く金融緩和によって破滅的なシナリオが現実味を帯びてきたと警告する。

無理もない。先ほどから見てきたように、二〇一五年八月二四日の市場は中国発のブラックマンデー（暗黒の月曜日）に見舞われた。その日の上海総合指数は前週末比八・五％の下落を記録、翌二五日も七・六％下落し、年初来の上昇分が完全に吹き飛んだ。二〇一四年の六月までは二〇〇〇ポイント台で推移していた同指数は、二〇一五年八月までの一年間で約一五〇％も上昇。完全にバブルの域に達していた。その後、見事に崩壊。ピーク（五一六六ポイント）を付けた六月一二日から八月二五日までの下落率は、四三％に達している。中国共産党が連発した意味不明な対策によって、中国内外から中国市場に対する信頼は完全に失墜。相場は今も不安定な動きを見せている。

世界第二位の経済大国で市場が崩壊したのだ。当然、中国だけの問題では済まされない。むしろ、世界的に事態がより悪化する可能性がある。もっとも注意すべきシナリオは、アジア通貨危機の再来だ。私たちは震源地の中国と共に、周辺国が巻き起こすであろう危機にも目を凝らす必要がある。

米ゴールドマン・サックスによると、FRBが量的緩和を実施していた期間（二〇〇八年一一月〜二〇一四年一〇月）に新興市場に流入した緩和マネーは、二兆～二兆五〇〇〇億ドルにのぼる。しかし、今ではその流れが完全に逆転した。オランダの投資顧問会社ＮＮＩＰによると、過去一三ヵ月間だけで中国などの新興国（一九ヵ国）から約九四〇〇億ドルも資金が流出している。繰り返しになるが、この流れが早急に止まる兆しはない。

米モルガン・スタンレーは、自国通貨が不安定となっている一〇ヵ国を「トラブルド・テン」（Troubled Ten）と命名。韓国ウォン、台湾ドル、シンガポールドル、タイバーツ、ロシアルーブル、ブラジルレアル、コロンビアペソ、チリペソ、ペルーヌエボソル、南アフリカランドを要注意の通貨として挙げた。これらの国は、例外なく中国を最大の輸出相手国としている。

この他、マレーシアにも注意を払うべきだ。マレーシアリンギットの過去一年間の下落率は二四％とアジアの中で最大。外貨準備も一〇〇〇億ドルを割り込み、市場はマレーシアの通貨危機を意識しつつある。実際、マレーシア市場では債券安・通貨安・株安を意味するトリプル安が日常茶飯事となった。

著名なヘッジファンドマネージャーのジム・チェイノス氏は、ＣＮＢＣのインタビューで中国の現状について「あなたが考えるよりも状況は悪い」と語る。そして「投資家は単に上海総合指数の動きよりも、もっと中国のＧＤＰの減速などの経済データに注目すべきである。その結果、中国の消費の減少が米国にどのような影響を及ぼすのかを考える必要がある」とコメントしている。ジム・チェイノス氏は売り専門のヘッジファンドマネージャーであるため、コメントは自分の取引を有利にするための発言、つまり〝ポジショントーク〟であることも考える必要はある。しかし一方で、ジム・チェイノス氏はアメリカのＩＴバブル崩壊やエンロンの破綻の予想を的中させており、その彼が今度は中国バブル崩壊に注目しているわけで、これを見過ごすわけにもいかない。

二一世紀は〝アジアの世紀〟と言われている。二〇二〇年までに中国・インド・インドネシアだけで一七億人の新中間層が生まれる見込みだ。しかし、現在のアジア情勢を見ていると地政学的リスクの高まりを含めて順風満帆とは言い難い。世界経済が新興アジアという確固たる成長セクターを喪失する可能性が、いつになく高まっている。

今回の中国発の世界的な急落を予期していた米リーダー・キャピタルのジョン・レカス氏は、二〇一五年八月二六日付の米ブルームバーグで「今後一年半にソブリン債危機が複数の新興国で起きる」という見解を示し、リスク資産を手放すよう警告した。

常々言ってきたことだが、次に世界的な危機が起きればほとんどの先進国はそれに対処する余力を残していない。冗談抜きに、究極の危機に発展する可能性がある。そして、その危機が忍び寄っているということだけは確かだ。

こうした深読みは一時おくとしても、二〇一五年八月末の暴落が、短期とはいえいかに市場に衝撃を与えたかは次の文章が如実に示している。

一九八七年のブラックマンデー、九七年のアジア通貨危機、そして二〇〇八年のリーマンショック――。有為転変の相場の世界であまたの修羅場をくぐってきたメガバンク幹部をして、「あれは腰が抜けました」と言わしめたほど、八月半ば以降の暴落劇は苛烈を極めた。

（ダイヤモンド・オンライン二〇一五年九月七日付より）

さらに株式市場だけでなく、為替市場でもとんでもないコトが起きていたことも次の文章が示している。

異常事態は株だけにとどまらない。同じ日、為替でも「アルゴリズム取引のせいで、一ドル一一九円だったドル円がたった三〇秒で一一六円まで飛んだ」（同幹部）

（ダイヤモンド・オンライン二〇一五年九月七日付より）

という。つまり、わずか三〇秒でドル／円が三円も動いたのだ。画面を見ていたトレーダーもわが目を疑ったに違いない。

しかし、問題はこれで嵐が過ぎ去ったのかということだ。確かに一〇月以降市場は平穏を取り戻したかに見える。では、答えをズバリ言おう。「ＮＯ」だ。

それを証明するように、年明けの株式市場に早くも激震が走った。やはり、本当の〝本番〟はまさにこれからなのだ。今回のパニックでわかったように、すべての原因は中国の大減速であり、その結果としての新興国経済の逆回転であり、表面的事象としての資源価格の大暴落である。

ということは、中国の大減速が止まれば世界は安定するということだ。では、中国経済はここでもちこたえるのか。答えはもちろん「NO」だ。NOどころかこれから本当の地獄に時間をかけて突入していくことになるのだ。中国経済自体が馬鹿デカイのと、中国政府がなんとかコントロールしようとなりふり構わぬ手を打ってくるので時間は大分かかるが、一、二年後に中国は恐慌状態に陥ることになるだろう。ということは、世界恐慌になるということだ。では、なぜそんなコトになるのか。すべての答えは歴史の中にある。その話に移る前に、参考になる文章を引用しておこう。

――リーマン・ショックは世界恐慌とは異なり、経済のファンダメンタ

ルが悪くない状況で発生している。サブプライムと呼ばれる不動産担保ローンが過剰な水準となり、不良債権を大量に生み出したという点では、世界恐慌と似ている。だが最大の違いは、大きな経済失速にはつながらず、金融パニックだけが発生したという点である。

世界恐慌は、過剰な設備投資を原因とする需給ギャップと金融パニックが同時に発生したため、その影響は極めて大きなものとなった。だがリーマン・ショックは金融パニックのみにとどまっており、不況が長引くことはなかった。ちなみに、今回の中国株下落は、過剰なインフラ投資が原因で発生したものであり、経済危機ということになるが、今のところ金融パニックは発生していない。

（JB press 二〇一五年九月一四日付より）

この文章を頭の片端に置いていただきながら、なぜ、将来中国発の世界恐慌がやってくるのか、その本当の理由を探りたいと思う。

中国は一度、死んだも同然になる

そのためには目先の経済現象やチャート、さらには新聞やＴＶの報道だけではその真の理由に探りつくことはできない。もっと巨視的な超長期の歴史のトレンド、つまり波動に注目するしかない。

それこそ、かねてから私が指摘してきた「覇権の移行の法則」だ。ルネサンス以来、覇権はイタリア→スペイン→オランダ→大英帝国→アメリカという風にそのパワーを移行させてきた。そして、その覇権の移行期ほど経済にとって危険極まりない時期はないのだ。

スペイン→オランダへと世界のパワーが移る時には、次の新興大国オランダで有名なチューリップバブルとその崩壊が起きている。その結果、オランダ経済は死んだも同然といわれるほどの苦境に陥り、大不況が一〇年以上に亘って人々を苦しめた。

さらに、オランダがその苦境を乗りこえて世界一の座に登りつめた後、次の覇権大国イギリスが歴史上に登場してきた。その時に起こったのが「南海バブル事件」だ。イギリスの興隆によってふと小金持ちになったことに気付いた人々は、投機の対象を求め始める。その時、政府が国民の鼻先にぶら下げたのが南海会社の株だった。当時のイギリス政府が借金返済のため作り上げたこの壮大なトリックは、やがて実体がバレて大暴落し、悲惨な結末を迎える。怒り狂った暴徒が金融街シティを襲い、大英帝国は金融崩壊の一歩手前まで追いつめられる。

多くの投資家が呆然自失の中パニックに陥るが、その中にあの万有引力を発見したニュートンもいた。彼はこの騒ぎの渦中で全財産を失い、次の言葉を残した。「人間の狂気までは計算できなかった‼」。その苦難を乗り越えて、イギリスは大英帝国への坂道を登りつめていく。

そして、いよいよ前回の覇権の移行がやってくる。二〇世紀初頭、あの大英帝国が衰えて大西洋を越えた新興大国アメリカについに世界を牛耳るパワーをバトンタッチする時期がやってきた。力が移りきるまでの間に、世界は第一次世界大戦、世界大恐慌、第二次世界大戦という未曾有の大災害を経験する羽目に陥る。この三大苦難を乗り越えて初めて、世界は次の時代に入ることができたのだ。

危険極まりない覇権の移行期

このように、覇権の移行期とは、経済にとっても世界の治安にとっても危険極まりない時期なのだ。旧覇権大国はもはや世界の警察官として振るまうだけの財政的、軍事的余力を失いつつある。といって、次の覇権大国はいまだ未熟で、世界の警察官としての自覚も認識もない。

この力の空白に乗じて、世界中の国々が勝手なことを始める。まさに今の世界の状況と同じだ。ロシアは、突然ウクライナの東部を自らの支配下に置き、イスラム国がアメリカの優柔不断をいいことにやりたい放題の暴力を行使し、世界中にテロを輸出している。トルコの大統領は、ナショナリズムをあおって中東のヒトラーになろうとしているし、習近平にいたっては将来、ハワイから西は中国が支配するという野望を抱いている。そうした中で、いよいよ中国のバブルが崩壊した。

覇権の移行期には二つのことが起きる。一つは、今述べた世界の警察官不在による世界情勢の不安定化（＝戦争）だ。もう一つは、次の新興大国で必ずバブルが膨張し、やがて弾けてその当事国が死ぬ目に遭うだけでなく、世界恐慌に発展することだ。

世界経済が一体化していない時はその国の内部に混乱がおさまるが、通信・交通が発達し世界経済が一体化すればするほど、その影響は世界全体に広がる。実際、前回の覇権の移行ではアメリカ発の株の暴落が世界恐慌にまで発展した。

とすると、今回の覇権の移行にともなう暴落とその後の影響も簡単なものでは済まないことが容易に察しがつく。今、覇権は間違いなくアメリカ→中国へ移行しようとしており、その結果として歴史の法則通り次の覇権大国・中国で株と不動産のバブルが膨張し、そして案の定、弾けた。

今、習近平率いる中国共産党が必死の形相でその火消しに躍起になっているが、その努力も無駄であろう。歴史の巨大トレンドとその法則性の前には、いくら強権政治で独裁の習近平といえども無力だ。人間は動かせても、歴史のトレンドだけは変えることはとてもできない。今はこの程度のことで済んでいるが、数年以内に中国経済は地獄の奈落の底へと転がり落ちることだろう。その時、初めて習近平と世界中の人々が歴史の法則の恐ろしさに悲鳴をあげるはずだ。

というわけで、覇権の移行の法則にしたがえば中国経済は一度死んだも同然の状況に陥り、やがてかなりの時間をかけてそれを乗り越えることによって次の真の覇権大国へと登りつめていくことになる。少なくとも一〇年間は中国経済は地獄を見るはずだが、しかしそれこそが次の覇権大国の証であり、通行手形でもあるのだ。

そして中国が恐慌に陥ることにより、当然の成り行きとして世界経済も大恐慌に突入することになるだろう。もちろん、日本経済もその大波をモロにかぶり、大不況に突入する。その結果、アベノミクスはもろくもひっくり返り、トヨタなどの輸出や海外で儲けている大企業の利益も吹き飛び、税収はガタ落ちとなる。一時的円高も訪れ、日本企業は大変な苦境に陥る。政治はさらなるバラ撒きをせざるを得なくなり、日銀は国債のさらなる大量購入に追いこまれる。こうして、いよいよ日本政府の借金はＧＤＰの三〇〇％に迫るようになり、ついに国家破産の地獄の扉が開くことになる。

中国発の世界恐慌の時期は、おそらく二〇一七年前後になることだろう。そしてその後二、三年のタイムラグをおいて、二〇二〇年の東京オリンピックの直後に日本国政府は破産するはずだ。私たちには想像を絶する苦難の道が待ち構えている。

第二章

中国経済崩壊、そして……。

繰り返される恐慌と大戦の歴史

「世界の市場は二〇〇八年のような危機に直面しており、投資家は大いに用心する必要がある」（米ブルームバーグ二〇一六年一月七日付）――著名投資家のジョージ・ソロス氏は、二〇一六年一月七日にスリランカ（コロンボ）で開催された経済フォーラムでこう警告を発した。同氏が危惧するシナリオの元凶には、中国経済の深刻な低迷がある。

ソロス氏は中国が新たな成長モデルを見つけるのに苦戦しているとし、中国経済の調整は長期化すると予測。そして、調整の過程で危機が起きると断じた。さらには人民元の下落が他の国にも問題を輸出しているため、危機が中国だけに留まらず、世界的に飛び火すると警告。結果、二〇〇八年のリーマン・ショックのような危機を引き起こしかねないと語った。

ソロス氏が予想するのは世界的な経済危機だけではない。同氏は中国経済の構造調整が失敗すれば、第三次世界大戦をも勃発させかねないと危惧している。ソロス氏は、二〇一三年頃までは中国経済を楽観視していた。その当時に話題をさらった中国のシャドーバンキング問題に対しても「当局（注：中国共産党）にはシャドーバンキングをコントロールするための時間が一、二年あるだろう」（米ブルームバーグ二〇一三年四月八日付）と指摘。当局が危機を認識していることを評価、危機を封じ込めることに期待感を示していた。

ところが、同氏は二〇一四年に入ると「中国が世界経済の最大リスク」（米ウォールストリート・ジャーナル二〇一四年一月七日付）とスタンスを変え始める。中国共産党の経済改革、および政治改革に進展が見られなかったためだ。

そして二〇一五年五月、ソロス氏は世界銀行のブレトンウッズ会議で、中国経済の失速により第三次世界大戦が起こる可能性に初めて言及する。同氏は中国経済の構造調整が進んでいないとした上で、「中国が輸出主導の経済から内需主導の経済への転換に失敗すれば、中国の指導者は外部との衝突を起こして国内を団結させ、政権掌握を続けようとするだろう。さらに中国と日本など米国の同盟国の間で軍事衝突が起きると世界大戦につながりかねない」（レコードチャイナ二〇一五年五月二四日付）と警告。「我々は第三次世界大戦の入り口にいる」と断じ、参加者を震撼させた。そして、このたびの警告である。

ジム・ロジャーズ氏と共に「クォンタム・ファンド」の創始者として知られるソロス氏は、予測の際に歴史を参考とする投資家として有名だ。おそらく同氏の脳裏には、一九三〇年代の苦い教訓が浮かび上がっているに違いない。そう、二度に亘る世界的なリセッションとそれに続いた世界大戦の記憶だ。当時と現在には、不気味なほどの類似点がある。

一九二九年のブラック・サーズデー（＝暗黒の木曜日）に端を発した一九三一年の欧州金融危機、そして一九三六〜一九三七年の米利上げショック（ルーズベルト・リセッション）。これら一連のグレート・ディプレッション（大恐慌）は世界を戦争へと駆り立てた。

ひるがえって、現在。二〇〇八年のリーマン・ショックに続き二〇一〇年からはユーロ圏で一連の債務危機が始まった。そして数年以内には、中国発の世界的なリセッションが起こる可能性が高い。地政学リスクの増大も含め、一九三〇年代と不気味なまでに一致している。

一九二九年の株式大暴落が引き金となった大恐慌は、八年でさらに悪化した。第二次世界大戦が計り知れない規模の経済抑圧として機能した揚げ句に、世界経済はやっと回復した。六〇〇〇万人超が命を奪われ、ヨーロッパとアジアの多くの地域が廃墟と化した。

現在の世界の状況は、これほどの危機に瀕しているわけではないが、類似点もある。とりわけ一九三七年のときと似ている。

（東洋経済二〇一四年九月二七日号より）

二〇〇五年に発刊した著書『根拠なき熱狂』でサブプライム・バブルに警鐘を鳴らしたことで知られる米イェール大学のロバート・J・シラー教授は、現在の状況が第二次世界大戦につながったルーズベルト・リセッションの頃と酷似している警告する。

多くの人は意識していないが、世界全体が景気後退（リセッション）に陥ったのはこの一〇〇年で二度しかない。一回目が一九三〇～一九三二年の大恐慌期で、二回目が二〇〇八～二〇〇九年のリーマン・ショック後だ。我々はおよそ八〇年ぶりの出来事を経験している。

極めて興味深い分析を紹介しておきたい。それは、世界最大の資産規模（二〇〇〇億ドル）を誇るヘッジファンド、ブリッジウォーター・アソシエイツの創業者であるレイ・ダリオ氏の分析だ。

ダリオ氏が率いるブリッジウォーター社には経済予測に関して一貫した哲学がある。それは「同じことは何度も繰り返し起きる」（米ブルームバーグ二〇一五年三月一八日付）ということ。同氏は二〇一五年三月一一日に発行した顧客向けのレポートで、現在の世界経済には「一九三七年と同じような相場の大幅下落を引き起こすリスクがある」（同前）と警告していた。レポートでは、近年と一九三七年までの状況を比較。金利のゼロへの低下、金融緩和による資産価格の高騰、米経済の回復といった点を類似点として列挙している。

ダリオ氏が景気サイクルを分析する上でもっとも重要視しているのは、「債務」だ。債務による富の創造段階では景気が拡大し、債務が積もって返済に追われる段階になると景気は縮小、そして債務の負担が軽減されると景気は再び回復へと向かうという普遍的かつ単純なサイクルを重要視する。ダリオ氏は、こうした単純なサイクルには短期と長期の二つがあると説く。短期的なサイクルは五～八年で一巡、長期的なサイクルは七五～一〇〇年で一巡するという。恐ろしいことに、同氏の見解では一九二九年からの長期的なサイクルが一巡した結果が二〇〇八年のリーマン・ショックだ。

現在の世界を見渡すと、中国を筆頭に新興国経済が深刻な資金流出に見舞われている。一九三七年のルーズベルト・リセッションは、強硬的なインフレ政策（＝ニューディール政策）の反動によって起きた。今回も当時と同様に金融危機の後には多くの国が強力なインフレ政策を導入。それでも世界経済は目覚ましい回復を実現できていないが、二〇一五年末の米国の利上げをきっかけに動揺が生じている。米国への資金回帰だ。中国および新興国が資金流出に耐えられる可能性は低く、おそらくいくつかの国の経済は崩壊する。

いよいよ、世界経済は恐慌前夜の様相を呈し始めた。

人民元（RMB）危機が告げる世界恐慌

「私は中国のせいで三〇年代式の危機が起きると考えている」（中央日報二〇一五年九月二三日付）――米ウォール街で「中国に関するもっとも不穏な本を書いた人物」として有名なゴードン・チャン氏は、中国経済に対し改めて悲観的な見通しを示した。日本でも大ヒットとなった『やがて中国の崩壊がはじまる』（邦題）の著者で中国系米国人の同氏は、「オオカミ少年」と揶揄されたことも少なくない。しかし、今回ばかりは中国経済の崩壊に自信を示す。

「最近三〇年余りにわたり続いた中国のスーパーサイクル（高度成長期）が終わっている。このところ資本が中国を抜け出ている。輸出は振るわない。良質の労働力も増えなくなっている。不良資産が金融圏に積もっている。中国の良い時代はもう終わった」（同前）——チャン氏はこう喝破する。

ブルームバーグなどのウォール街のメディアは、チャン氏の予想が的中すれば同氏は晴れて「ドクター・ドゥーム」の称号を手にすると報じた。ドクター・ドゥームとは、過去に大きな経済危機を的中させた悲観論者を指す。代表例が一九二九年のブラック・サーズデーを予測したロジャー・バブソンやチャールズ・メリル。最近では日本のバブル崩壊や一九九七年のアジア通貨危機を的中させたマーク・ファーバー氏、二〇〇八年のリーマン・ショックを事前に警告したヌリエル・ルービニ教授といった面々だ。チャン氏がドクター・ドゥームの称号を手に入れる日は近い。それほど現在の中国経済は、瀕死の状態となっている。

ところで、現在の中国経済を分析する際にもっとも重要な点は何か？　それは株式市場の行方などではない。もっとも重要な点は、中国経済が投資主導の成長から消費主導の成長に移行できるかどうかだ。ただし、これは中国が抱える中長期的な課題である。短期的にもっとも重要なのは、中国当局が人民元の下落を食い止められるかどうかといった点だ。結論からすると、当局が人民元の制御に失敗すれば、世界経済は未曾有の事態に陥る。

「人民元の下落は中国の輸出に追い風となるのでは？」と考える人が少なくないが、これは明白な誤りだ。中国当局は人民元の下落を望んでいないばかりか、人民元の大幅な下落は中国経済を窮地に追いやると危惧している。その理由の一つが、中国企業が抱える多額の米ドル建て債務だ。米格付け大手S＆Pによると、中国企業の債務は対GDP比で一六〇％にも上る。金額にすると一六兆ドルで、これは米国（企業債務）の二倍という規模だ。歴史上、一国の企業がこんな額の債務を計上した試しはない。

米国が利上げし、中国が利下げを余儀なくされる中、重要視すべきは中国企業のドル建て債務だ。なぜなら、ドル建て債務はドル高（人民元安）が進めば進むほど自国通貨建てでみた返済コストが膨らむ。中国の企業債務のうち約一〇％、金額にして一兆五三〇〇億ドルが対外債務だ（二〇一五年九月末時点）。

おそらく、対外債務のほとんどが米ドル建てと考えてよい。ドル建て債務を抱える中国企業の多くは、債務を返済するために借金を重ねるという自転車操業に陥っている。そのため、人民元が継続的に下落するようであれば、企業がデフォルト（債務不履行）連鎖に至る可能性が高い。

また、持続的な人民元安は中国人にとって外貨建て資産の魅力を高める。二〇一五年頃から中国では資金が流出し始めているが、さらなる元安はこの流れを加速させる方向に作用する可能性が高い。二〇一四年頃から顕著となった人民元高は、中国人の購買力を圧倒的に高めた。人民元は主要通貨に対して二〇一四年の中頃から二〇一五年末までに平均して一三％も上昇。元高に沸いた中国人は世界各地で〝爆買い〟に興じた。こうした中国人による爆発的な消費も元安が続けば息を潜めるに違いない。

率直に言って、中国当局は究極のジレンマに置かれている。低迷する輸出にドライブを利かせるには人民元安が必要だが、一方で元安は中国人の購買力を削ぐ。これは外需主導の経済から内需主導の経済へと移行を急ぐ中国当局にとっては足かせでしかない。また、急速な元安は資本逃避（キャピタルフライト）を助長させる。だからこそ、中国当局は景気が減速しようとも大胆な金融緩和に打って出ることができない。むしろ、過度な元安を食い止めようと必死になっている。

投資家が想定する最悪の事態は、中国当局が経済を制御できなくなることだ。特に人民元相場が制御不能となれば、中国のみならず新興国の多くは通貨危機に直面するだろう。各種統計などが限りなく胡散臭いながらも中国経済が一定の信頼を得ていたのは、中国共産党が統制経済を謳っていたからだ。海外投資家の多くは、懐疑的ながらも中国共産党の手腕を評価していたのは確かである。言い換えると、中国共産党の信頼が失墜すれば、同国は極めて高い確率で危機に突入するはずだ。

その兆候は、同国の株式市場ですでに現れている。第一章でも触れたが、中国からの資本流出が顕在化した二〇一五年の夏頃から同国の株式市場（上海総合指数）は極端な動揺に見舞われた。動揺は、本稿執筆時点（二〇一六年一月時点）でも続いている。

一九九〇年末に始まった上海総合指数は、二〇〇五年半ば頃からバブル相場に突入、およそ二年間で時価総額が六倍以上にまで膨張した。二〇〇七年一〇月一六日には、同指数の最高値である六一二四ポイントを付ける。しかし、その直後から下落に転じ、約一年間で七二％も暴落した。同指数は、二〇〇八年のリーマン・ショックを挟んで「世界で最もパフォーマンスが悪い株式市場」（米ウォールストリート・ジャーナル）というレッテルを貼られる。バブル崩壊後の最安値は一九〇〇ポイント台で、二〇一四年末までは二〇〇〇ポイント台で低迷し続けた。

ところが、二〇一四年末から上海総合指数は再度「根拠なき熱狂」（バブル）に突入する。同指数は二〇一四年六月からの一年間で時価総額が二・五倍にまで膨張。二〇一五年六月一二日には今回の最高値である五一六六ポイントを付けた。その後に暴落相場がスタートし、現在（二〇一六年一月中旬時点）では二〇〇〇～三〇〇〇ポイント台で乱高下している。

あらかじめ断っておくが、中国の株式市場が再び二〇〇〇ポイント台を割り込もうとも、それで中国経済が崩壊するということはない。繰り返しになるが、投資家がもっとも懸念していることは、株価の下落ではなく、中国共産党がコントロールを失うという事態だ。

中国の株式市場について言うと、家計の金融資産のうち株式に投資されているのはわずか一五%でしかない。二〇一五年時点で二億八二〇〇万口の取引口座が開設されているが、それは一人の投資家が複数の口座を開設したからだ。米ウォールストリート・ジャーナルによると、中国人で株式を保有しているのは一五人に一人の割合。これが米国だと二人に一人だ。

また、国有・民間に限らず中国の企業は基本的に株式といった直接金融で資金を調達しない。中国企業の資金調達は、社債や銀行融資といった間接金融が主流だ。結果、中国株の下落は同国の実体経済に大した打撃を及ぼさない。実際、二〇〇〇年代にバブルが崩壊した時も、海外投資家が「ウルトラレッドライン」（深刻な社会不安が発生する水準）と呼んだ二〇〇〇ポイント台を割り込んだが、深刻な社会不安は発生しなかった。

問題の本質は別にある。海外投資家らが不安視しているのは、株価の下落などではなく中国からの資本流出だ。現に、二〇一五年から顕著となった中国株式の下落は、人民元の下落に端を発している。そして、投資家らが真に恐れるのは資本流出を中国共産党が制御できなくなるという「最悪の事態」（英ロイター通信二〇一六年一月七日付）だ。繰り返しになるが、無秩序な人民元安は中国企業のデフォルト連鎖やアジア通貨危機を誘発しかねない。一九九七年のアジア通貨危機も、米国の利上げと人民元の切り下げが原因で起きている。

米ブルームバーグ二〇一六年一月八日付によると、二〇一五年二月〜一一月の間に中国から概算で八四三〇億ドルもの資本が流出した。米国が利上げに動く一方、中国は景気の低迷を背景に金利を低下させざるを得ないため、中国からの資本流出は今後も続く可能性が高い。問題はそのスピードだ。人民元が一気に一〇〜二〇％も切り下がったりすれば、中国だけでなく世界全体も未曾有の事態に陥る。そのため、中国当局はある程度の元安を容認しつつも外貨準備を駆使して、緩やかな下落に努める方針だ。

中国の外貨準備は、二〇一五年末時点で三兆三三〇〇億ドルある。一見すると元を防衛するには十分な額だ。ただし、中国の外貨準備は同国から資本流出が起き始めた二〇一五年に五一三〇億ドルも減少している。これは過去最大の減少幅だ。外貨準備のピークは二〇一四年六月の三兆九九〇〇億ドル。そこから確実に減少している。

中国の外貨準備は今後も減少していくという見方が支配的だ。すなわち、人民元を防衛するための外貨準備が底を突く恐れがある。まさに人民元の危機だ。

「人民銀（著者注：中央銀行）は元防衛への資金をまだ十分に有している」（英ロイター通信二〇一六年一月七日付）――中国ではトップクラスの証券会社である申銀万国証券でエコノミストを務める李慧勇氏は「外貨準備の急減は資本流出圧力の高まりを示す」（同前）としながらも、豊富な外貨準備を保有する人民銀行への信頼感を示した。「巨額の外貨準備が危機の防波堤となる」と、中国発の危機を杞憂だとする向きは少なくない。

一方、懐疑的な向きも存在する。「三兆ドルに上る中国の外貨準備、見掛けほど強力でない可能性も」と題した論説を掲載した前出の米ブルームバーグは、「中国は世界最大の三兆ドル（約三五五兆円）を超える外貨準備高を持つ。現在の市場の混乱や人民元安、大量の資本逃避に対処する上で、十分な保険になりそうに思われる」としながらも「だが、エコノミストらは恐らく不十分だと指摘する」と懐疑的な向きの主張を伝えた。記事では、二〇一五年八月以降の外貨準備の減少が「心配なほど急なこと」や、「外貨準備の投資先が流動性の低い、売却が容易ではない資産であること」から「同国の外貨準備が見掛けほど盤石でない」（以上、米ブルームバーグ二〇一六年一月八日付より）とするアナリストの分析を紹介。中国交通銀行国際のチーフストラテジストである洪灝氏（香港在勤）は、記事で通貨防衛に使用できる外貨準備は限られていることから「外貨準備で安心していられるには三兆ドル前後が必要」と指摘する。すなわち、中国の外貨準備が三兆ドルを割り込めば中国当局は通貨防衛できなくなるという警告だ。また、フィッチ・レーティングでアナリストを務めた経験を持つ朱夏蓮氏は「二〇一六年にその水準に至る可能性は極めて高い」と警鐘を鳴らす。

人民元が秩序のない下落に見舞われればどうなることか。二〇一五年八月一一日に人民銀行が突如として三％の切り下げに踏み切った際は、米国株がおよそ四年ぶりという下落に見舞われている。人民元が短期間のうちに三〇％以上も下落する可能性を警告する市場関係者も少なくない。


中国当局は人民元の動きを引き続きコントロールし、ドル建ての借り入れ額が大きい中国企業の破綻を懸念して通貨安誘導はじわじわとしたペースでしか行わない、というのが銀行関係者の支配的な声だ。

中国は欧米投資家に対する国内証券市場の開放を着実に進めながらも、国内の貯蓄資金の海外投資は抑制する態勢にあることが分かっている。

投機筋からすれば、こうした国内資金をせき止める当局の『ダム』がどれくらいで決壊し、人民銀行が制御不能と判断するのがいつになるのかが大きな問題といえる。

（英ロイター通信二〇一五年一二月一六日付より）

記事が報じている通り、一部の投機筋にとって人民元はもはや空売りの対象でしかない。とりわけグローバル・マクロ系のヘッジファンド運用者はロイターが言うところの「ダム」が決壊する瞬間を今か今かと待ち構えている。本章の冒頭で著名投資家のジョージ・ソロス氏が「（中国発の）危機が迫っている」と発言したと記載したが、この発言は「ソロスが人民元売りを画策しているのではないか？」という世界的な憶測を呼んだ。ソロス氏の他にも、米ヘイマンキャピタル・マネジメントのカイル・バス氏といった運用者が人民元売りを画策していると報じられている。

こうしたヘッジファンドの姿勢に対し、中国当局者は真っ向から挑戦状を突きつけた。中国共産党の中央財領導小組弁公室で副主任を務める韓俊氏は、二〇一六年一月一一日にニューヨークの中国領事館で記者会見した際、「中国人民元が手綱のない野生馬のように動くというのは全くの空想だ」と懸念を一蹴。人民元の大幅な下落を見込むのは「ばかげている」とし、「元の空売りは『成功しないだろう』」（以上、米ブルームバーグ二〇一六年一月一二日付より）と断言した。中央財領導小組弁公室は中国の経済政策を司る最高機関の一つ。これを受けて、翌々日の米ウォールストリート・ジャーナルは「中国は人民元売りを仕掛ける海外投機筋に宣戦布告した」と報じた。

中国共産党と投機筋の主戦場は、香港を始めとしたオフショア人民元市場である。海外投資家が参加できるオフショア市場で元安が進むと、中国国内でも元に対する先安感が台頭するため当局はこれを容認できない。仮にオフショア市場で元が暴落すれば、本土からの資本流出は劇的なものになるはずだ。そのため、人民銀行は二〇一六年の初めから本土外の為替市場へ積極的に介入している。

ただし、これは中国共産党の念願である人民元の拡大に逆行する動きでしかない。海外投資家は中国当局の厳格な管理下に置かれている本土のオンショア人民元市場ではなく、市場の実勢を反映しているオフショア人民元市場をかねてから重視してきた。海外投資家だけでなく中国本土の個人投資家でさえもオフショア人民元市場を重視している。二〇一〇年から始まったオフショア人民元市場は、香港を皮切りにシンガポール、台湾、ロンドンまでも広がった。

人民元は二〇一五年末にＩＭＦの仮想準備通貨であるＳＤＲの構成通貨に採用されたが、このたびのオフショア人民元への介入はＩＭＦの意に反した行いではある。ＩＭＦは、中国と今後は為替相場を柔軟に管理するよう約束した上でＳＤＲ入りを承認したのだ。そのため、投機筋は非難の声を上げている。言い方を変えると、中国当局は今後、ＩＭＦからの圧力に晒されるかもしれない。

すなわち、ＳＤＲに採用されたことが人民元安を助長する可能性がある。ＳＤＲ入りしたことでＩＭＦが中国の為替政策を批判しやすくなったからだ。中国が今すぐ現行の為替政策（中国共産党による管理）を放棄することはあり得ないが、それでも今までのようにＩＭＦのお説教を完全にスルーするわけにもいかない。中国共産党といえども、どこかの時点で市場の実勢を受け入れざるを得なくなるだろう。これは投機筋の望む展開だ。中国が現行の為替政策を放棄するとの観測が広がれば、投機筋はオフショア人民元で大いなる売りを展開する可能性が高い。

過去を振り返ると、投機筋と国家（当局）の闘いは何度も繰り広げられてきた。ジョージ・ソロス氏が仕掛けた「ブラック・ウェンズデー」（暗黒の水曜日）はその好例である。一九九二年、ソロス氏は当時の腹心であったスタンレー・ドラッケンミラー氏と壮大なる「英ポンド売り」を計画。同年九月におよそ一〇〇億ドルの資金を用意し、英ポンド相場を売り崩した。この出来事は今でも「暗黒の水曜日」とシティ（ロンドンの金融街）で語り継がれている。

一九九七年のアジア通貨危機も、きっかけ（タイバーツ危機）を作ったのはソロス氏による壮絶な売りだ。同氏はその当時、米ドルにペッグしていたバーツ相場がバブル崩壊によって「固定相場制を放棄せざるを得ない状況に直面する」と判断。およそ一二〇億ドルという巨額の資金を用意し、外国為替市場でタイバーツを売り浴びせた。タイバーツの他、マレーシアリンギットやインドネシアルピアも投機筋の攻撃を受けている。最終的にはお隣の韓国にまで通貨危機が飛び火、韓国とタイとインドネシアにはＩＭＦ（国際通貨基金）が介入するまでに至った。余談だが、ソロス氏は当時マレーシアのマハティール首相から「危機の元凶」と名指しで批判されている。

今回の闘いは、過去のものとは一線を画したものとなるに違いない。そして、いくら中国共産党（国家資本主義）であろうとも市場の原理には逆らえないことが判然とするだろう。その際の衝撃は計りしれない。中国経済の崩壊に留まらず、世界は恐慌に突入するはずだ。

破滅に向かう新興国

「これ（著者注：人民元安）は新興国にとって破壊的なものだ」（中央日報二〇一五年一二月二四日付）――英フィナンシャル・タイムズの主席コラムニス

トを務めるマーティン・ウルフ氏はこう警告する。理由は、「新興国は中国の需要に依存しながら中国と競争もする」立場にあるためだ。同氏は中国の株式バブルが崩壊した頃のフィナンシャル・タイムズ（二〇一五年八月二六日付）においても、株価下落に関しては「中国経済全体についてほとんど何も物語らない」とあまり懸念する必要がないと指摘しつつ、人民元の下落の方を問題視。大幅な人民元の切り下げが現実化すれば「世界経済に破滅的な影響が及ぶ」と警告していた。

同氏が言う通り、人民元の大幅な下落は世界経済を確実に危機へと追いやる。真っ先に警戒すべきは、新興国だ。新興国の多くは経済成長を資源や輸出に依存しており、中国とは戦略的な競争関係にある。もちろん、人民元が高い間は何ら問題ない。輸出に関しては、人民元高（自国通貨安）によって競争上の優位に立てる。しかし、人民元が大幅に切り下がれば話は別だ。競争力を失うだけでなく、米ドル高によって企業の外貨建て債務が火を吹くリスクに直面する。

新興国はリーマン・ショック以降、低い金利のドル建ての債務を増やし続けてきた。国際決済銀行（ＢＩＳ）によると、それは三兆八〇〇〇億ドルに上る。自国通貨建ての債務を含めれば、新興国の企業債務はおよそ一八兆ドルだ。これはリーマン・ショック直前の先進国全体の水準をも上回る。まさに、危機的水準だ。それゆえ、米ゴールドマン・サックスは二〇一五年末に発行したレポートで新興国の民間（企業＋家計）債務が「信用崩壊の第三波」になると警告する。第一波（二〇〇七～二〇〇八年の米サブプライム・バブル崩壊）、そして第二波（二〇一一～二〇一二年のユーロ圏債務危機）に続く第三波という位置づけだ。

「新興国の借金負担が過小評価された。新興国の離脱資金規模をみると通貨危機が来る可能性がある」（中央日報二〇一五年一二月一八日付）――『国家は破綻する』の共同著者として名高い米ハーバード大学のカーメン・ラインハート教授も危機感を隠さない。「産油国と資源富国はすでに中国の需要減少による原材料価格の下落で苦痛を味わっている。このような状況で米国の金利引き上げによって中国が揺らげば、新興国の状況はさらに悪くなるほかはない」（同前）。

米国の利上げによって、新興国市場からは二〇一五年に五〇〇〇億ドル以上の資金が流出した。資本流出が資本流入を上回るのは一九八八年以来のことである。これに人民元の下落が加われば、新興国経済は率直に言って万事休すだ。資源関連や輸出関連の企業がデフォルトするのは目に見えている。米S&Pによると、資本流出が加速した二〇一五年に新興国企業がデフォルトした件数は前年比で約四割も増加した。二〇〇九年以降では最高の水準である。

結論からすると、リーマン・ショック後の世界では新興国を中心にバブルが生じていた。それが、米国の利上げによって崩壊しようとしている。危機が迫っている可能性が高い。

似たような危機がかつても起きた。テキーラ・ショックである。テキーラ・ショックとは、一九九四年二月の米国の利上げによってメキシコ経済から資本が流出し、同国の経済が崩壊したことを指す。メキシコ人が好むテキーラに多くの人が酔っている様が形容され、世界に輪を広げた同国発の経済危機はテキーラ・ショックと名付けられた。

一九九七年にはタイバーツ、インドネシアルピア、マレーシアリンギットといった新興国通貨がヘッジファンドから攻撃を受けてアジア通貨危機が勃発。通貨危機は韓国にまで飛び火し、最終的には韓国とタイ、そしてインドネシアの三ヵ国にＩＭＦが介入する事態となった。

ただし、一九九〇年代と現在とでは新興国経済を取り巻く状況は大きく異なっている。当時との最大の差は新興国の多くが経常黒字を計上している点だ。さらには多くの国が危機時の防波堤となる外貨準備を保有している。

しかし、「今回は違う」というわけにはいきそうもない。やはり、新興国企業が抱える債務はあまりにも大き過ぎる。たとえばブラジルでは企業に家計の債務を合わせた民間債務の対ＧＤＰ比が九三％に到達しており、格付け大手二社が「投資不適格」の烙印を押した。経済危機だけでなく深刻な政治危機（汚職スキャンダルの影響もあり同国のウマ・ルセフ大統領の支持率は二〇一五年の夏場にかけて一ケタ台にまで急落した。支持率は今も回復していない）にも直面しているブラジルの通貨レアルは、二〇一五年に対ドルで約三〇％も下落した。ブラジル当局は通貨安を阻止するために企業の債務コストが上昇するのを承知で利上げを繰り返すが、金利の上昇がかえってブラジルのソブリン・リスクを高めるという皮肉な結果となっており、通貨安が止まる気配はない。二〇一五年の経済成長率はマイナス三・二％であり、ブラジルは一九三〇年代の世界恐慌と同程度のリセッションに直面している。二〇一六年の成長率も、マイナス二・二％となる見込みだ。

確かに、先のアジア通貨危機と「今回は違う」という点もある。それは、先進国も含めて救済の手段を持ち合わせていないということだ。

「現在、金利は大半の先進市場で政策手段として役に立たず、財政はほぼ全ての国で二〇〇八年当時よりも逼迫している」——二〇一五年九月八日、米シティグループは世界経済が次に危機を迎えれば深刻な結果を招くと警告した。さらに悪いことに、同グループでチーフ・エコノミストを務めるウィレム・ブイター氏は「世界経済がリセッション入りする実質的なリスクが増していると みられる」と分析。世界が今後二、三年に中国発のリセッションに陥る確率を五五％と見積もった。

米ブルームバーグによると、米ヘッジファンド、フォートレス・インベストメント・グループも顧客向けのレポート（二〇一五年九月三〇日付）で、「二〇一五年六月に始まった新興市場の下落は信用収縮につながり、少なくとも二〇一七年三月まで続く」との見通しを示している。同社は過去の景気循環の着目した上で、「次の収縮サイクルの開始段階にあり、一九九七―九八年と同様に、このサイクルが世界的不均衡の新興市場側で始まりつつある」と分析する。

二〇一七年頃までに世界恐慌に匹敵する危機が起きる可能性は非常に高い。どう考えても、世界情勢は一九三七年の頃と酷似してきた。それは経済的な境遇に限った話ではない。冒頭でも述べたように、地政学的な状況も一九三七年頃と似通っている。これらは無視するにはあまりにも危険な類似だ。この先、当時と同じようにリセッションを経て大規模な紛争に直面しても、何ら不思議ではない。

まさに、すさまじい時代の始まりである。

日本人を待ち構える「恐慌」経由「国家破産」への道

では、一体これから何が起きるのか。

株のミニ崩落が二〇一五年の八月と二〇一六年の一月の二度に亘って起こった。しかし、これはあくまでも〝前兆〟にすぎない。二〇一六年にも同様のミニ崩落が、あと一、二回あるだろう。そのたびに下値を切り下げていくはずだ。

そして、本番は二〇一七年以降やってくる。リーマン・ショックを上回る、世界中の人々が血の気を失うような株の大崩壊がやってくる。日経平均は一万円ギリギリの所まで、何回かのパニックを経て到達することだろう。株価は往々にして行き過ぎるので、下手をすると一万円を切るような異常事態が出現するかもしれない。

ただし、リーマン・ショック直後の七〇〇〇円台ということはないだろう。世界中が大パニックになる中でも、日本は一部の例外をのぞいて大企業の内部留保も多く、不良債権も多くない。世界中の多くの国と比べて、今回の世界恐慌においてはもっとも被害の少ない国となるであろう。といっても、今からでは考えられないほどの苦境に立たされるだろうが。

要は、他の国との比較の問題である。人民元や苦境に陥った新興国通貨が大暴落する中で、円は逆行高となるだろう。一ドル＝一〇〇円にせまる円高が二〇一七年～一八年のどこかであるかもしれない。すさまじい円安がやってくるのは、それからひと呼吸おいて二〇二〇年頃、国が破産した後のことだ。

今回の世界恐慌の真の原因は、すべて中国の逆回転（＝バブル崩壊）によるもので、石油価格下落もその本当の理由は中国経済の大減速であり、その結果としての新興諸国の大減速となっているのである。

その中国があの覇権の移行の論理にともなう大トレンドに突入したのであり、その巨大な流れを止めることはあの中国共産党といえども到底不可能で、中国経済は一〇年間死んだも同然の状態に陥るだろう。これは歴史が示す厳然たるパターン性であり、チューリップ暴落時のオランダも、南海バブル事件時の大英帝国も、そして前回の一九二九年から始まる世界大恐慌におけるアメリカにおいても、すべて最低でも一〇年はその当事国の経済は死んだも同然の状況に陥っており、例外なくすべての国が金融パニックに突入している。

もし、中国がまちがいなくアメリカの後を継ぐ次の覇権大国だとしたら必ず中国は大恐慌に陥り、金融システムが崩壊するか、崩壊寸前にまで追いやられることだろう。そしてその当然の帰結として、世界経済が一体化して一国のパニックが地球全体に一瞬で伝播する現代においては、世界経済の最大のけん引車中国のパニックは即、世界全体を大混乱に陥れ、世界恐慌へとつき進むことだろう。

最終的に中国は、金融恐慌と全銀行閉鎖という歴史的大事件にまで発展するに違いない。中国共産党は必死にそうした事態を食い止めようとあらゆる試みをし、強行な手段も数限りなく繰り出すだろうが、やればやるほど一時的効果はあっても、結末はさらに悲惨なものとなるだろう。市場には何人といえども逆らえないのだ。

もちろん上海株式市場も暴落し、人民元もとめどもなく下がるだろうが、中国共産党は何回も介入し、その都度敗れることだろう。最後には中国政府が何をやってもダメという究極の状況がやってくる。そうなると、中国人だけでなく、世界中の人々が誰も中国政府のことを信用しないということになってしまう。中国の信用は地に堕ちるのだ。

そして、日本のバブル崩壊の時と同様、いけにえの羊探しが始まる。人民の不満が高まって、誰かを悪者にして攻撃の対象にしようという欲求がうずまく。そうなると、政府自らがターゲットになるのを恐れて、中国共産党は不満を海外に向けようとし、結局日本を標的にしてくることだろう。最悪、日本は戦争に巻き込まれるかもしれない。恐慌は戦争を産むのだ。

一方、日本経済は先ほども言った通り、世界中が大パニックに陥る中でも、もっともマシな状況にとどまるだろう。というのも、九〇年のバブル崩壊以来の長いデフレと経済の不調の中で、とりわけ大企業が内部留保を厚くし、余計なお荷物を持っていないからだ。しかし、大企業でも東芝のように会計不正をやっていたり、借金が多かったりする場合は話は別だ。大企業の間でも生き残り組と淘汰されて消滅して行く組とに、この際はっきり分かれていくことだろう。

問題は中小企業だ。このアベノミクス景気の恩恵ですら受けられなかった日本の中小企業群は、今回の世界大恐慌によって致命的損傷を受けることだろう。約三割は生きるか死ぬかの瀬戸際に追い込まれ、連鎖倒産パニックが発生するかもしれない。

先ほど、日本の大企業はマシと書いたが、この表現に注意していただきたい。新興国や中国の状況がひどすぎるので、それに比べればまだマシということを言ったまでで、全世界が大不況に陥れば、海外へ拠点をかなり移していてアベノミクスの円安のおかげで最高益をあげていた大企業群も、もちろん大変なコトになる。倒産はなんとか免れるだろうが、トヨタでさえ売上げが三〜四割も落ち、利益のほとんどが吹き飛ぶというくらいの事態がやってくる。他の企業は推して知るべしだ。ましてや、イケイケドンドンで有利子負債を山のように抱えるソフトバンクなどは、生死の境をさまようことになるかもしれない。中国の金融機関ほどではないが、邦銀も大きな損傷を受けるだろう。取り付け騒ぎは起きないかもしれないが、もともと経営基盤の弱い一部の中小金融機関は大変なことになる。

いずれにせよ、世界全体ということで言えば、リーマン・ショックの数倍の衝撃が巨大津波となって、地球上のすべての国に襲いかかるだろう。しかも、リーマン・ショックの時は全世界の政府にまだ余力があったので財政出動もでき、大規模な金融緩和も各中央銀行が実行することが可能だった。その結果、政府（とりわけ先進国政府）は多大な借金をかかえ、金利もこれ以上下げようがないゼロ金利という状況に至っている。世界を主導すべき先進各国はもうこれ以上借金を増やすことは難しく、新興国は別の問題を抱えている。しかも、これ以上金利を下げることは不可能だ。さらに世界中の民間債務は史上最大規模となっている。

というわけで、リーマン・ショックに比べ今回は事態が数倍深刻で、回復に必要とされる時間も恐ろしく長いだろう。下手をすると、世界経済全体がおよそ一〇年に亘って得体の知れない大不況に突入するかもしれない。

そして、世界の中では多少マシな日本にも時間差をおいて別のとんでもない問題が降りかかってくる。この世界恐慌によって、税収が激減するのだ。そして、日本中から「政府がなんとかしろ‼」の大合唱が再び湧き上がってくる。ついに、政府も日銀も最後の万歳突撃へ向かってバラ撒きと国債の大量購入を断行する。

かくして、恐慌突入から三、四年後のオリンピック直後に、日本国政府は破産することになる。というわけで、私たち日本人には、「恐慌」経由「国家破産」つまり、大デフレ経由ハイパーインフレというとんでもない運命がこの先待ち構えているのだ。

第三章

新興国経済の悲惨

よみがえる「九七年の悪夢」

二一世紀も、はや一五年が過ぎた。この一五年間で起きた世界経済の一大イベントと言えば、やはりなんといってもリーマン・ショックに端を発する金融危機だ。「一〇〇年に一度」と表現される通り、リーマン・ブラザーズの破綻を契機にしたマネーの逆流は、一九二九年の世界大恐慌に匹敵する事態にまで発展した。その後、日米欧が発動した異例の金融緩和政策によって銀行や大企業の連鎖倒産や経済崩壊という最悪事態は免れたが、先進諸国の金利が軒並みゼロ%台に張り付くという異様な状態が何年も続いた。二〇一五年末、ひと足先に米国が利上げを敢行し「平時モード」への回帰を果たしたが、日欧はいまだ金融緩和なしでは心もとない状況が続いている。

世界一の規模を誇る米国経済が通常運転に戻ったことで、二〇〇八年の金融危機は一つの区切りを迎えたわけだが、しかしそれで世界経済が落ち着きを取り戻したのかと言えばまったくそんなことはない。むしろ、米国の経済政策正常化が新たな火種をくすぶらせる結果となっている。新興国経済の危機だ。

新興国前史――一九九〇年代末

一九九〇年代後半、巷には世紀末にありがちな「終末論」がささやかれ、人類滅亡を予言したノストラダムスやマヤ暦などがメディアを賑わせていた。今となってはなぜあんな迷信に踊らされたのかまったくわからないが、当時は「ひょっとしたら」という説得力を持っていたのだから不思議だ。

そして、その世相を象徴するかのように、一九九七年アジア通貨危機が勃発、これを契機に一九九八年にはロシア財政危機が、そして一九九九年にかけてはブラジル通貨危機が発生した。ノーベル賞級の金融専門家が「ドリームチーム」を結成して運用にあたった米著名ファンド「ロングターム・キャピタル・マネジメント」（ＬＴＣＭ）が一連の連鎖危機によって破綻、人類の叡智をもってしても経済パニックにはまったく歯が立たないことが証明されてしまった。さらに、二〇〇〇年~二〇〇一年にかけてはトルコで金融危機が発生、また二〇〇一年にはアルゼンチンがデフォルトした。

この世紀末の連鎖金融危機は、どのようにして起きたのだろうか。遡ること一九九五年、米国が金融政策をいわゆる「強いドル政策」に転換したことが出発点とされる。このドル高政策によって、当時ドルペッグ制を取っていたタイ、マレーシア、インドネシアなどの通貨は、徐々に経済実態にそぐわない為替水準となっていったのだ。このいびつな状況を見逃さなかったのが、ヘッジファンドなどの投資家たちだ。これらアジア通貨に徹底的な売り浴びせを仕掛けて売り崩し、莫大な利益を手にしたのだ。この手法は、一九九二年のポンド危機でカリスマ投資家ジョージ・ソロスが行なったものとまったく同じである。もちろんソロスは、「アジア通貨危機」でも莫大な利益を手にしている。

「新興国」の誕生と隆盛、そしてバブル化
――二〇〇〇年～二〇一〇年代前半

こうして悪夢のような数年間が過ぎ、二〇〇〇年代に入ると、世界は手のひらを返したようにこれらの国々の評価を一変させた。中国を筆頭としてこれらの国々を「新興国」と呼び、高い経済成長と広大な投資のフロンティアの存在を喧伝し始めたのだ。世界中の目ざとい投資家がこぞって資金を投じ始めた。

台頭する新興国にいち早く目を付けたジム・オニール（元ゴールドマン・サックス会長）は、二〇〇一年に特に成長著しい四ヵ国を「ＢＲＩＣｓ」（ブラジル・ロシア・インド・中国の頭文字）と名付けた。その後、「ＢＲＩＣｓ」に続く新興国として「Ｎｅｘｔ11」「ＶＩＳＴＡ」などの造語が生まれた。高い経済成長がもたらす高収益機会に人々は群がり、既存の投資家だけでなくサラリーマンや学生、主婦までもが新興国投資に興じた。

二〇〇八年、金融危機が勃発するとその衝撃は世界中を駆け巡ったが、その

後の動きは実に奇妙なものとなった。先進諸国は一九二九年の世界恐慌再来を防ぐべく、なりふり構わぬ緩和政策で市場にマネーを供給し続けた。この歴史的にも類を見ない「ゼロ金利大作戦」によって、利益を求める投資家たちは利ザヤを取れない先進国での仕事に見切りをつけ、相対的に高い利回りを供給する新興国にさらに群がるようになった。奇しくも金融危機によって、新興諸国はその実力のいかんに関わらず大量の資金流入を受けて大いに潤ったのだ。

そして悪夢再び?――二〇一〇年代後半

しかし、宴は永遠に続かないのが世の道理である。新興諸国には今、生死を賭けた苛烈な試練が再び訪れようとしている。すでに第二章で見た通り、まず筆頭株の中国経済が轟沈《ごうちん》寸前の様相である。目ざとい投資家筋はすでにこの動きを織り込み済みで、その次にドミノ倒し式で沈没する新興国を特定し、いち早く資金逃避を始めているのだ。一連の急激なリスクオフ行動がもたらすのは、

「九七年の悪夢」の再来だ。

実際、現在の世界経済の状況はあまりにも当時と似ている。一九九〇年代、世界第二位の経済大国は日本だったが、一九九〇年のバブル崩壊による不況と深刻な円高に苦しんでいた。現在、世界第二位の経済大国は中国だが、やはり不動産バブルの崩壊と深刻な株安に手をこまぬいている状況だ。「九七年の悪夢」の起点は九五年の「強いドル政策」というドル高政策だった。一方、三度に亘る巨大金融緩和を経て、二〇一五年ついに米国は利上げ（ドル高政策）に踏み切った。米ドル高政策は緩和マネーの逆流現象を招き、今回は轟音《ごうおん》を立てて新興国経済の血の気を奪うだろう。さながら「失血性ショック」の様相だが、一時的な経済的機能不全で済む国はまだましだ。九七年と現在が決定的に異なるのは、緩和マネー逆流に加えて原油も暴落しているという点だ。通貨安（米ドル高）と原油安で、下手をすると「失血性ショック死」する国も出かねない。

さて、わが世の春を謳歌した新興諸国のうち、マネー逆流で赤い「トリアージ・タグ」（大事故、大規模災害などで、多数の傷病者の救命順序を決めるため、傷病者の右手首につけられるタグ）が付いた国はどこか。早速見ていきたい。

いよいよ追い詰められたブラジル

まず注目すべき国はブラジルだ。新興国の中でも、ブラジルは今もっとも苦しい状況にある国の一つだ。「ＢＲＩＣｓ」の一角として経済成長を大いに期待され、二〇一四年のサッカーワールドカップに続いて二〇一六年にはオリンピック開催で勢いづくはずだった。しかし、二〇一四年頃から経済成長は鈍化、さらには米国の利上げにともなっていよいよ経済に赤信号が灯り始めたのだ。二〇一四～一六年の経済成長率はＩＭＦの予測値で〇・六％程度の低成長が見込まれており、労働人口の増加などの要件から考えると明らかに見劣りする状態となっている。

ブラジル経済の失速の最大原因は、実はこの国がもともと抱えている構造的問題にある。いわゆる「ブラジル・コスト」と呼ばれるもので、ＧＤＰ比三七％という重税を筆頭に、様々な社会コストが経済の足を引っ張っているのだ。過剰な労働者保護によって社会保障費用や労働訴訟にかかる莫大なコスト、一向に改善しない治安への対策に要する民間警備員の派遣や、警備機材、設備の導入などにかかるコスト、金融分野における過剰な手数料などの間接コスト、道路・港湾・鉄道網などの整備が進まず、また職員のスト頻発などで高止まりする物流コストなど、先進国ではおよそ想像しがたいコストがありとあらゆるところに存在し、経済成長の足を引っ張っているのだ。

ブラジルでは、この「ブラジル・コスト」の影響で以前から物価が高止まりしている。リーマン・ショック以降、先進国が金融緩和で低金利政策に走る中ですら、インフレ率は六％台だった。そして二〇一五年に入ると、インフレ率は一〇・五％近くにまで高進した。その直接の理由は、財政再建策と食糧不足だ。

ブラジルでは、このところ膨張し始めている政府債務への懸念が叫ばれていた。そこで政府が手を付けたのが「管理価格」である。エネルギーや公共交通の価格を政府主導で決定する仕組みで、ある種の統制経済制度だ。政府はエネルギー価格抑制のために補助金を導入するなどしていたが、債務削減のために補助金を打ち切り、電力価格上昇を容認した。また、燃料税引き上げなどの増税も合わせて実施した。この影響は即座に物価に反映した。管理価格は軒並み高騰し、インフレ率を強烈に押し上げたのだ。原油価格が二〇一四年以降下落を続けているのに対し、ブラジル国内のエネルギーはすべて管理価格であったため、資源価格が下がったのにインフレになるという、実に奇妙な現象が起きている。

また、二〇一三〜一四年には高温と干ばつが発生、食物の需給がひっ迫して食料品価格は急騰した。ただ、食料品の需給については気候要因のため、時期が来れば落ち着くという意味で救いがある。実際、二〇一五年末現在には異常気象の落ち着きと共に正常化に向かっているという。しかしながら、管理価格と「ブラジル・コスト」の問題は構造的問題である。ブラジルの高インフレ体質は社会体質であり、そう簡単に解消しない問題なのだ。

景気低迷、インフレ率の高止まりに加え、債務問題も深刻となりつつある。政府部門の債務を見てみると、二〇一〇年にはＧＤＰ比二％程度だった財政赤字は二〇一五年には一〇％にまで膨らみ、国債費（政府債務の返済に充てる費用）はＧＤＰ比七％という状況だ。ちなみに日本の国債費は二三兆円で、ＧＤＰ約五〇〇兆円に対する五％弱である。ブラジルの債務増加スピードがいかに深刻かがうかがえるというものだ。また、総額ベースで政府総債務をみてみると、ＧＤＰ比で約六九％（二〇一五年一〇月のＩＭＦ推計値）という水準は日本の二五〇％とは比べるべくもないが、日本が飛びぬけて異常なだけでまったく安心できるレベルではない。他の新興国の債務水準や過去の統計などを勘案すると、十分に不安視すべきレベルだ。

ただ、この政府債務の内訳を見てみると、一九九八年に発生したブラジル通貨危機の当時とは異なり、海外資本への依存度という観点ではかなり改善している。二〇〇二年には対ＧＤＰ比の対外債務は三九％だったが、二〇一五年には一六％と大幅に減少しているのだ。さらに、二〇〇五年頃から外貨準備の積み増しが順調に行なわれた結果、対外債務（短期）に対する外貨準備は一〇倍以上となっている。国外からの借り入れが減り、またそれを返す原資も潤沢に蓄えたことで、通貨安にともなうデフォルトや財政悪化のリスクは減っているということだ。

もちろん、対外債務が少ないからと油断はできない。内国債務であっても、経済実態に不釣り合いなほどに膨らめば、インフレの高進という別の問題が生じる。今でさえ慢性的なインフレへの対処に苦しむ中、これ以上の債務膨張はなんとしても食い止めなければならない。厳しい状況には変わりはない。

しかし、それにも増して深刻なのは、民間部門の債務が膨張していることだ。国際的な金融機関格付けを行なうフィッチ・レーティングスの最新の調査では、ブラジルの民間債務は対ＧＤＰ比九三％で、過去一〇年間で大きくその額を増やしたという。

もし、ここで世界恐慌が訪れれば、ブラジルの民間企業はすさまじい打撃を受けることとなるだろう。ブラジル企業は急速な資金引き揚げに遭い、それが債務不履行を招き、また資金調達は行き詰まる。こうなれば国内に倒産の嵐が吹き荒れ、町中には失業者が溢れることになる。政府が主要企業を救済しても、民間債務が政府債務にすり替わるだけで問題の根本解決にはならないだろう。第一、ブラジルの政府部門に民間を救済できる余力があるのかという問題がある。世界中の市場関係者は、前述の構造的問題やブラジル政府にくすぶる腐敗体質に注目しており、国の信用力にも懐疑的である。

そのため、市場に何らかブラジル不利の材料が出るとすぐに反応しやすい。米利上げはまさに典型的な材料で、利上げ実施前からすでにマネーの引き揚げは始まっていた。今後も利上げ継続となれば、民間・政府いずれも国外からの資金調達がいよいよ難しくなることは必至だ。

こうした動きを受けて、ブラジルの通貨レアルは急落している。二〇一五年の一年間で、対ドルでは約三二％、対円でも約三〇％もの安値に振れたのだ。通貨安は輸出において価格競争力が強まる反面、輸入価格の上昇によって国内物価を押し上げるという側面もある。ブラジルの場合、すでに高止まっている国内物価に更なる上昇圧力がかかり、庶民の生活はいよいよ苦しいものになっている。

景気は悪い、借金は増え続ける、物価は跳ね上がる、通貨安で資金調達が悪化し輸入もインフレ圧力がかかるというまさに「多重苦」の状況下で、ブラジル政府には打てる対策がほとんどない。利上げをすれば景気がさらに悪化する、かといって利下げをすれば通貨安が加速するのだから、金融政策はどうにも手の打ちようがない。財政政策も、歳出引き締めをやれば景気はさらに悪化する、かといって引き締めをやらなければ国家の信用力はさらに下がり、早晩もっとひどい事態になる。今のところ、失業率は六・六%と深刻な水準ではないのが救いだが、これとていつ上昇するかわからない。そうなれば、デモや暴動の勃発は避けられないだろう。

ブラジルは元々あまり治安の良い国ではないが、このところの不況や物価高、長く根付いた政治不信が影響してか、治安がまったく改善していないという。オリンピックの開催地リオでは、二〇一五年末から年始にかけても強盗が多発、

今までの１０年はブラジルの光の部分が際立ったが、これからの１０年は闇の部分がより際立つかもしれない。

（写真提供：左上　SIME ／アフロ、
右下　John Warburton-Lee ／アフロ）

軍警（州軍警察の俗称：欧州諸国での国家憲兵隊に相当）が増員をかけても沈静化の気配を見せていない。

現地メディアの「エスタード紙」によると、同紙記者がリオ市中央部をリポートに訪れた、その限られた時間の中でさえ、未遂を含めた強盗を四件も見かけたというから驚きだ。かなり危険な状態のため、警官ですらパトカーから降りずに巡回をするありさまだ。ワールドカップ開催時には、世界中から観光客が押し寄せたが、強盗を企てる輩にとっては格好の「カモがネギを背負ってやって来た」という状態だったらしい。日本人も多数被害に遭っており、外務省の発表では開幕直前の六月八日から七月一四日までの一ヵ月強の間に三三件もの被害申告があり、そのうち六件が強盗だったという。日本人以外でも深刻な被害が出ており、クイアバという町ではチリ人など二八人が宿泊するホテルに七人組の拳銃強盗が押し入り、荷物や車などを奪われた。東部のサルバドルという町では、開幕から一週間で起きた一二八件の強盗事件のうち、実に四分の三が外国人の被害者だったという。

おそらくこの調子でいけば、オリンピックも同様あるいはそれ以上の外国人被害者が出ることだろう。二〇〇〇年代の「ＢＲＩＣｓ」ブーム以降、日本人にとってブラジルは非常に印象の良い国になったかもしれないが、実情はまったくそれとは異なるものだ。インターネットの動画サイト「YouTube」などで検索すればわかるが、ブラジルでの強盗の映像はそれこそ山のように出てくる。それこそがブラジルの実態なのだ。オリンピックやリオのカーニバル目当てに旅行する人も多いだろうが、くれぐれもお祭り気分で気軽に渡航などしてはいけない。下手をすると、財産はおろか大事な命まで危険にさらすことになりかねないからだ。

再び国家破産の苦境に立つロシア

ブラジルと共に「ＢＲＩＣｓ」の一角として経済成長を期待されたロシアも、ここにきて極めて深刻な経済状況に追い詰められている。その要因は「原油安」

「経済制裁」「ルーブル暴落」のトリプルパンチだ。ロシアの場合、このいずれの要因も早期に打開される見込みは薄く、ロシアの経済運営はジリ貧の様相となっている。

まず原油安だが、原油を取り巻く世界情勢は数年前からはとても想像しがたいほど様変わりしている。一バレル＝一四七ドルという歴史的高値（二〇〇八年七月）以降、原油価格は一〇〇ドル台を維持してきた。有限の資源に対する希少性ゆえに、長期的には価格はさらに上昇するという見立ても妥当と考えられてきた。そのため、産油国の財政基盤は中長期的に盤石と見られてきたわけだが、二〇一四年に様相はにわかに一変する。産油競争によって一時二〇ドル台（二〇一六年一月中旬時点）が現実のものとなると、石油を取り巻く風景はまったく変わってしまった。

このチキンレース的産油競争の状況は、短期的に変わる見込みはほとんどないだろう。中国経済の大失速によって原油の需給は大幅に緩んだ。価格が下落すれば、かつてならＯＰＥＣ諸国が減産して価格調整を行なったものだが、現在は価格維持よりもシェア維持を優先するという力学が働いている。そのもっとも端的なものは米国の「シェール革命」だ。減産しても、よその国の石油が需要を満たすのでは、価格は上昇せずシェアを失うのみで、減産の意味がない。

ＯＰＥＣ構成国の財政事情悪化も原油の減産調整を難しいものにしている。特に、内政維持の財源を原油に大きく依存しているＯＰＥＣの盟主サウジアラビアは、原油安の影響から財政赤字を急速に拡大させている。ＩＭＦは「サウジが現在の政策を維持する場合、歳出維持に必要な金融資産を五年以内に使い果す」と指摘、ＯＰＥＣの盟主の財政破綻に懸念を表明している。

しかし、サウジだけでなく、内政を石油に大きく依存しているのは中東の産油国に共通の問題だ。これらの国は、二〇一〇年以降巻き起こった「アラブの春」にも動じなかったが、端的に言えばその理由はオイルマネーのおかげで国が豊かだったからである。しかし、今は原油安によって財政緊縮を行なわざるを得ない状況に追い詰められている。

するとと何が起きるか。今までは石油依存の放漫財政の恩恵を受けておとなしくしていた国民から、一気に不満が噴出する危険がある。「アラブの遅い春」は、中東の王族たちが一番避けたいシナリオだ。そうなれば、やはり安くなったとはいえ石油で稼ぎ続けなければいけない。かつては、世界各国に高圧的な態度で「石油を高値で売ってやっていた」国々は、今では「いくらでもいいからとにかく買ってくれ」という状態になっているのだ。

一方、「シェール革命」に湧く米国も生産を絞る気配を見せない。「世界の警察官」の座を降りたい米国は、かつてはあれだけ絡んでいた中東情勢にも消極的だ。シェールなきかつての時代、米国は資源確保のため否応なく中東に関与してきた。しかし「持てる国」となった現在、米国は中東情勢やOPECの顔色を気にする必要がなくなった。自給自足はおろか輸出で稼ぐことまでできるのだから、自国都合で掘りたいだけ掘るだろう。中東の石油資源からの依存脱却は、衰退がささやかれる米国が自国経済を維持する上で大きなカードとなるだろう。いまだシェールオイルの採算ラインは中東やロシアの原油に比べて高いとされるが、それとて技術革新がいずれ解決するだろう。そうなれば、米国も産油競争から降りる理由はなくなる。

また、核保有問題で経済制裁を受け原油輸出ができなかったイランも、核の非拡散で妥結合意したため、自国経済立て直しに向けた原油輸出を準備している。中南米の産油国であるベネズエラやメキシコ、ブラジルもやはり財政運営が厳しい中で原油が貴重な収入源となっており、減産に舵を切ることはできない。ノルウェーなど北海の産油国も状況は似たり寄ったりだ。

おそらく、原油価格は数年単位で安値に張り付いたままとなるだろう。そしてそれは、産油国ロシアの経済運営にとって、極めて厳しい環境が当面続くことを意味する。その影響はすでに株価、通貨に深刻に現れている。

ロシアの株式指数であるＲＴＳ指数は、リーマン・ショック直後こそ暴落したものの、その後は一四〇〇～一七〇〇台を維持していた。しかし、二〇一四年七月以降原油価格の下落が顕著になると、それにつられて指数も下落、二〇一五年は八五〇台と高値から五割近い下落を記録した。通貨ルーブルも、二〇一四年夏には〇・〇三ドル／ルーブル程度だったが二〇一六年一月には〇・〇一五ドル／ルーブル台を割り込み、五〇％超の下落となっている。

原油価格と株式指数、通貨がこれほど連動するのは、ある意味では当然の帰結である。ロシアの経済・財政を見ると一目瞭然だが、政府歳入の五割、そして輸出に至ってはなんと七割が石油なのだ。原油安はロシアにとってある意味死活的な問題である。

さらに、これに加えてウクライナ侵攻に端を発した欧米の経済制裁がジワジワとロシア経済を締め上げている。機械や化学製品、衣類などを欧米からの輸入に頼るロシアでは、これら生活必需品が品薄になっており、経済制裁が庶民生活に深刻な影を落としている。実際、ロシアのインフレ率は二〇一四年までは五―八％で推移していたが、二〇一五年には一六％近くにまで跳ね上がる見込み（ＩＭＦ推計）だ。

この状況に追い打ちをかけるように、ＩＳ（イスラム国）掃討に絡んでトルコがロシア軍機を撃墜したことからロシアが経済制裁を発動、対ロ第五位の貿易相手国であるトルコとも経済的断絶に陥っている。食料品の輸入を依存しているトルコとの断絶によって、食料品価格は前年対比で三〇％も上昇しているという。人々は国産の農作物でしのぐ生活に切り替え始めているが、それでもスーパーでの一回あたりの買い物は、品目が変わらないのに目に見えて金額が上がっているという。

また、旅行業界も壊滅的状況だ。ロシア人のバカンス先としてトルコ、エジプトは人気を二分するほどだが、トルコは前述の経済制裁によって渡航が制限される状況だ。もう一方のエジプトも、ロシア旅客機の撃墜事故以降は渡航制限が設けられた。ルーブル暴落によってロシア人にとっての海外旅行は高嶺の花となり、二〇一五年の海外渡航者は三〇％も減少したそうだ。この影響で、航空業界二位のトランスアエロが倒産しただけでなく、二〇〇〇以上あった旅行会社の約七割が倒産したという。

金融機関の経営危機も浮上し始めている。ロシア政府系の開発対外経済銀行（ＶＥＢ）が政府に巨額の支援を要請している。ＶＥＢはソチ冬季五輪の巨額建設プロジェクトの融資において中心的な役割を担った金融機関だが、融資額のおよそ八割が回収困難になっているという。政府系銀行であるため、ロシア政府の救済策で破綻は免れるだろうが、足元のおぼつかないロシア経済に強烈な打撃となることは間違いない。

ロシアの庶民事情を解説するとあるブログによると、このところロシアの都市部ではリストラや失業、ローンの返済が滞るなどの問題が噴出し始めているという。統計的に見ると、ロシアの失業率は六％程度とまだ深刻な事態には至っていないが、若年失業率は二〇％となっている。おそらく今後数年内に経済がさらに悪化し、失業率は急激に跳ね上がることだろう。

今のところ、プーチン大統領の支持率は八五％以上に高止まっているが、失業者が街に溢れかえれば状況は一変するかもしれない。現在、すでに強硬外交に出ているロシアだが、国内の不満を政府から逸らせようと更なる強硬策に出るようになるかもしれない。

ロシアの庶民の中には、一九九八年のロシア危機の再来を予想する向きも出てきており、預金をルーブル建てから外貨建てに切り替える動きが目に見えて増えているという。一九九一年のソ連崩壊以降、周期的に経済危機が訪れるロシアでは、庶民一人一人が自己防衛する意識が根付いている。タンス預金にする、外貨を持つ、金を保有するなどの動きが出始めたということは、国が危機的な状況にあるということの裏返しなのだ。

まだまだある「ヤバい国」

前章からここまでで、危険な新興国となった中国、ブラジル、ロシアを見てきたが、危険なのはこの三国に限った話ではない。資源依存、中国依存や対外債務、社会制度や政治体制がアダとなって赤信号が灯り始めている国は他にもある。

■インドネシア

ＡＳＥＡＮ最大の経済国インドネシアは、石炭やパーム油、天然ガス、生ゴムなどを輸出する典型的な資源依存国だ。二〇〇〇年代中盤には「ＢＲＩＣｓ」に続く次世代の新興国群「ＶＩＳＴＡ」の一角として注目を集めた。実際、二〇〇八年には七％台の経済成長を実現したが、しかしその後は中国経済の失速による影響をもろに受け、ＧＤＰ成長率は二〇一二年以降ジリジリと下がってきている。また、人口増加と経済成長から石油は輸入超過となっており、経常赤字に陥っている。さらに財政は年二％程度の赤字が続いており、いわゆる「双子の赤字」状態が常態化しつつある。

二〇一四年、財政健全化を目指して伝統的に行なわれていた各産業への補助金打ち切りを公約に掲げたジョコ・ウィドド氏が大統領選挙に勝利した。しかし、この公約が実際に実施される段になって、国民の不満が高まりを見せている。補助金付き軽油やガソリンの販売制限という形で補助金削減策を実施したところ、需給がひっ迫して国民生活に重大な支障が出たのだ。また、補助金が出ていた品目は補助金削減や打ち切りによって物価上昇が進むため、国民生活をさらに圧迫することになった。インドネシア経済が、補助金頼みであることが露呈してしまったのだ。補助金削減を継続して経済が委縮し続ければ、いずれ大規模なデモが発生するとの懸念もあり、財政健全化は極めて難しい局面に差し掛かっている。

インドネシアの民間企業は、景気減速を背景にリストラを進めている。公式の統計では失業率五・八％と低水準だが、地下経済などの実態を加味すると現実にはもっとひどい状況との指摘がある。国際労働機関（ＩＬＯ）の調べでは、二〇一三年の若年失業率は二〇％を突破したという。インドネシアの労働人口の三分の一が三〇歳未満の若年層と言われる「若い国」だが、いわゆる人口ボーナスによる内需型経済成長を支えるはずの若年層に稼ぐ場所がないという、深刻な状態に陥っている。

公共部門については、政府債務がＧＤＰ比二五％前後と低く、デフォルト（債務不履行）のリスクは小さいとされる。また通貨危機の一要因と言われる「短期対外債務に対する外貨準備不足」についても、外貨準備は短期対外債務の二倍近い額を保有しており、通貨危機への懸念も少ないとされる。

しかし、民間部門では外貨建て債務が積み上がっており、これがいずれ大きな問題となる可能性がある。「双子の赤字」と経済成長の減速によって、インドネシアの通貨ルピアは売られる公算が強い。もし急速なルピア安となれば、民間部門が大量に抱える外貨建て債務はルピア建てで大きく膨らむことになる。返済できない企業がデフォルト（債務不履行）、倒産ということになれば、インドネシアの株式市場、通貨がさらに下落し、暴落スパイラルに入る危険もある。

■トルコ

インドネシアと同様に、「ＢＲＩＣｓ」の次を担うと目されてきたトルコにも暗雲が立ち込めている。二〇〇一年のトルコ通貨危機以降、構造改革によって財政、経済の立て直しを行ない、リーマン・ショック後に先進諸国がこぞって金融緩和した際には、大量の緩和マネーが追い風となって経済成長率一〇％超を果たすまでになった。しかし、急激な経済成長の副作用で内需が急拡大し輸入が超過したため、経常収支は赤字に転落した。この赤字分と表裏の関係にある資本収支の内訳は、主に米国を中心とした緩和マネーによる「証券投資」だ。米国が利上げにともなって証券投資を引き揚げていくと、トルコ経済の収支悪化は極めて深刻な事態となる。果たして何が起きるのか。

トルコの政府債務は構造改革以降減少し続け、二〇一五年にはＧＤＰ比三二％（ＩＭＦ推計）という低水準にある。また、債務膨張スピードの目安となる財政赤字も対ＧＤＰ比二％台とこちらも低水準だ。しかし、民間と政府を合わせた対外債務残高はＧＤＰ比四二・八％（二〇一二年末）と他の新興国と比べて高水準であり、また外貨準備が短期対外債務に対して約二〇％上回る程度にしかないため、ひとたび恐慌が起きればあっという間に外貨準備が枯渇する危険性もある。こうした状況から、恐らく政府債務がデフォルトする可能性は低いが、米利上げによって通貨安が進み、対外債務への支払いが苦しくなり、国内のインフレが加速するという事態が予想される。最悪の場合、一九九〇年代の慢性的高インフレという悪夢が再現するかもしれない。

そして何より、目下トルコが抱える問題は政治と地政学のリスクだ。エルドアン大統領が掲げる「民主化政策」は、これまでトルコがとってきた「世俗主義」(国家が特定の宗教の介入を許さない)に逆行するものとの批判が強い。しかも、そのエルドアン大統領は憲法改正によって大統領権限の強化を企図、二〇一五年の総選挙に敗北し改正は頓挫したが、内外からは「オスマン帝国の再興を図っている」などの憶測が出るほどの情勢だ。「アラブの春」とイスラム国(IS)の出現によって中東情勢が大きく変化する中で、保護主義的な傾向が現れているとも考えられる。

こうした中で、IS掃討に向けて活動中のロシア軍機を撃墜したことから、対ロ関係が急速に悪化、またサウジ=イラン情勢の悪化とも連動して外交政策も極めて難しい舵取りを迫られている。内政、あるいは外交で一つでも失策があれば、国際社会での立場も急速に厳しいものとなるだろう。それは経済危機と国民生活の崩壊に直結しうる。

■アルゼンチン

二〇〇一年、アルゼンチンは国家破産し、ハイパーインフレと深刻な失業が起きた。これに食糧や物資不足が追い打ちをかける形で、当時のアルゼンチン国民は壮絶な貧困生活を余儀なくされた。あれから一五年後、アルゼンチンは再び危機的状況に陥ろうとしている。

二〇一四年七月、アルゼンチンは再びデフォルト（債務不履行）した。しかし、このデフォルトは二〇〇一年のように債務返済能力がなかったのではなく、多分に外交的な意味合いによるものだった。二〇〇一年の債務不履行の際、米国のヘッジファンドなど一部の債権者は債務再編（債権の減免や放棄）に応じなかったが、これら債権者が二〇一四年の米国の裁判で勝訴すると、その後アルゼンチン政府はその利払いを履行せず、このことでアルゼンチンは再びデフォルトと認定されたのだ。

このデフォルトは、言ってみれば多分に「マネーゲーム」的要素があり、アルゼンチンの債務返済能力や財政能力とは直接の関係はないが、しかしデフォルトによる影響は極めて重大なものとなっている。アルゼンチンは現在、デフォルト認定によって事実上国際金融市場から締め出されたような状態になっている。特に外貨調達に大きな支障をきたしており、インフレ対策、為替介入、貿易決済などでの外貨不足の解消という喫緊の課題を解決するためにも、債務問題の解決は待ったなしなのだ。二〇一五年一二月の大統領選挙では政権交代が起き、債務問題解決に前向きな取り組みが始まったものの、債務総額が膨らみかねないなどの問題が新たに浮上し、交渉は難航を極めているという。

また、リーマン・ショック前後には一時六％台にまで低下していたインフレ率は、デフォルトの影響もあって一時四〇％に迫る勢いとなったという。IMFの統計では二〇一四年の数字は存在せず、二〇一五年は一六・八％で、物価上昇の勢いが高止まりしていることがうかがえる。

通貨の暴落も著しい。政権交代直後の二〇一五年一二月一七日、新政権が公約していた通貨規制の撤廃が実施されるとアルゼンチンペソは対ドルで二九％も急落した。通貨の下落は輸出競争力の面では有利だが、輸入物価の上昇圧力にもなり、更なるインフレが懸念される。実際、アルゼンチン国内では深刻なペソ離れが進んでおり、人々はペソで資産を持つことを嫌って米ドルへの両替を競って行なっているという。また、ペソで持つよりモノで持った方が良いと考える人が増え、自動車など高額品を買っているそうだ。通貨安とインフレが進む中、トヨタ自動車の販売業績が好調という、皮肉な状況になっている。

アルゼンチンの新政権に対しては、内外から構造改革や債務問題の解決を期待される一方、国内では高インフレ、改善しない治安への対策、貧困対策という根深い問題への対応を求められている。当然、これらの舵取りは一朝一夕にはいかず、引き続き混迷を深める可能性は高いだろう。

韓国

韓国もまた、一九九〇年代末に深刻な通貨危機に見舞われ、今またにわかに経済危機が危惧されている。他の新興国同様に二〇〇〇年代には急激な経済成長を果たし、サムスン、現代といった製造業の大財閥が台頭、日本の製造業を追い落とす勢いだった韓国経済だが、中国経済の失速によって深刻な不況に陥っているのだ。

　韓国には通貨危機の際にＩＭＦが緊急融資したが、これが韓国経済の構造を決定的に変えてしまった。融資条件に課せられた市場開放や保護主義的規制の排除などによって、過剰な資本主義原理と外国資本の流入が一気に進み、貧富格差が絶望的なまでに広がったのだ。一部の大財閥に勤めるエリート層が豊かになる一方で、中小企業や自営業はジリ貧となった。高齢者の貧困は著しく、高齢者の自殺率は世界でもダントツの多さだ。

　このような背景もあって、二〇〇八年の金融危機以降は家計債務が急上昇、ＧＤＰに占める個人負債の割合が九〇％を超え、二〇〇八年から一・四倍にも膨れ上がっている。

　この家計債務の実態を見ると、空恐ろしい気分になる。債務増加の要因は住宅担保ローンが大きな割合を占めているが、これは景気過熱による借金ではなく、政府が景気刺激策として導入した住宅担保融資の規制緩和によるものなのだ。住宅の担保価値に比べて、より多くの借金ができるように規制を緩和したことで、家を担保にした借金が増えたのである。しかも、借り入れをする人たちの多くは当初利息だけを返済し、元本返済に移行する時期になると別の住宅担保ローンに乗り換える、というやり方をとっているという。

このやり方は極めて危険である。住宅価格が下がれば、元本返済に差し掛かる時期に借り換えしようとしても、担保の価値が下がった分は借り換えできなくなる。この減価分は即時返済できなければ債務不履行となり、途端に家計が崩壊するのだ。

実際、すでに韓国国内ではこうした事例が出始めているという。不況で所得が伸び悩んでいるのだから無理もない。さらに、もしここで世界的不況が訪れれば、大量の失業者が出る。そして、彼らは借金の返済ができなくなり、一瞬で破産に追い込まれるだろう。こうした現状に、韓国国内の有識者も「サブプライム問題と類似する構造問題」としてその危険性に警鐘を鳴らしている。しかし、著しい貧富格差と中国経済の減速による不況で、悪夢のスパイラルから抜け出す手立てはまったく見いだせておらず、早晩深刻な事態に発展する可能性は極めて高い。

さらに、民間企業の債務増加も深刻だ。GDP比の企業債務比率は一〇五%で新興国中でも最悪の水準となっている。営業利益より支払利息の方が多い、いわゆる「ゾンビ企業」が債務増加の原因とされるが、通常こうした会社はすぐ潰れるのが道理だ。しかし、韓国では経済を支える財閥企業三〇グループの半数強がこうした「ゾンビ企業」を抱えている。ここに更なる景気悪化が押し寄せれば、大量倒産は必至だ。

外貨準備についてもキナ臭い話がある。韓国の外貨準備は世界第八位の規模で、約三六〇〇億ドル以上と言われている。しかし、その内訳には不明な点も多い。九割程度が有価証券となっているが、米国債の保有は六四〇億ドル程度しかなく、その他の有価証券には大量の不良債権が含まれているという説もあるのだ。二〇一六年一月、韓国経済研究院が発表した「韓国経済の危機可能性評価と示唆点」と題する報告書では、韓国の外貨準備は通貨危機発生時に七九

新興国この20年のまとめ

歴史は何度でも繰り返すのか？

1990年代末 経済危機に見舞われた国々

- ロシア
- ブラジル
- マレーシア
- タイ
- インドネシア
- トルコ
- アルゼンチン
- フィリピン
- 韓国

↓

2000年代「新興国」として注目された国々

BRICS
- ロシア
- ブラジル
- 中国
- インド

VISTA
- ベトナム
- インドネシア
- トルコ
- アルゼンチン
- 南アフリカ

NEXT11（一部）
- フィリピン
- 韓国
- エジプト
- ナイジェリア
- メキシコ

↓

2016年以降「新興国危機」が訪れそうな国々

BRICS
- ロシア
- ブラジル
- 中国

VISTA
- インドネシア
- トルコ
- アルゼンチン

NEXT11（一部）
- 韓国

（網掛け）はすべての事案に入っている国々

七億ドル不足すると分析、「実体経済の危機可能性が大きい状況で危機発生の可能性を排除できない」と懸念を表明している。

九七年の通貨危機時、韓国の格付けは決して悪いものではなく、表面上は良好とされていた。しかし実態は、外貨準備の枯渇により危機が発生し、経済は瀕死の重傷を負った。当時に比べて現在の韓国は、民間債務という重大な爆弾を抱えている。そして外貨準備の実態も悪いとなれば、いよいよ危険である。中国発の不況という巨大爆弾に隠れているが、日本からもっとも近い隣国でもすさまじい経済崩壊が巻き起こるかもしれない。

■（番外）ベネズエラ

さて、ここまで見てきたいずれの国も、抜き差しならない「危機一歩手前」の状況であるが、それらがかわいらしく見えるほどに行き詰まっている国がある。ベネズエラだ。

南米ベネズエラは世界有数の産油国で、確認埋蔵量では世界一を誇っている。

その莫大な資源をテコに、一九六〇年代以降順調に経済成長してきたが、一九九九年のチャベス大統領就任以降、強引な政治手法と権力の集中、社会主義化によって国内はたびたび混乱に見舞われた。近年では石油価格下落によって外貨の歳入が大幅に落ち込み、経済へのダメージはさらに広がっている。

以前から酷かったインフレ率もさらに上昇、二〇一五年のインフレ率は一五〇％とも一八〇〇％とも言われている。外貨の枯渇も深刻だが、日用品や医薬品の不足も致命的であるという。物品の購入は国によって割当量が決まっているが、これがまったく不足していて、定価より高い支払いで入手しなければならない状態だ。トイレットペーパーやせっけんなど一部の商品はまったく店頭に並ばず、どこかのスーパーが不定期に仕入れて売る際には購入制限が当たり前となっている。そうした物資を買う時は、スーパーへの行列に五時間並ぶのもザラだという。庶民はもはや買い物するのにも辟易としており、ウォールストリート・ジャーナルはベネズエラのこのような状況を「（貧しい）北朝鮮やキューバ並み」と評している。

医薬品はさらに深刻だ。ベネズエラ医師連盟の会長によると、公営病院の医薬品不足はなんと九五％（つまり充足率はわずか五％）にも達しているという。医者に処方してもらう薬も、国内ではほとんど扱いがなく、入手するには多額の手間とカネをかけて隣国で入手しなければならないものばかりだという。

こんな状況であるから、治安はもちろん最悪だ。殺人発生率は人口一〇万人あたり五三人で世界最悪水準、凶悪犯罪の多くが拳銃などを使用したもので、しかも二〇一五年は犯罪発生件数が前年比で大幅に増加しているという。

ひどいインフレ、深刻なモノ不足、医療の崩壊、最悪の治安という地獄から抜け出そうと、若い人たちほど国を捨てて他国に移住している。ある推定では国民の三割が国外の移住を具体的に検討しているという。ここまでくると、歴史的ハイパーインフレに見舞われた二〇〇八年のジンバブエと紙一重だ。

こうした深刻な社会状況を映すように、二〇一五年末に行なわれた議員選挙では反米左派の与党が大敗、政治的変化の兆しが現れている。政権のパワーバランスが変わることで、今後は中国依存から親欧米路線への転換を図るとみられるが、今までの反米政権時代に欧米と多くの禍根を残したベネズエラが、路線転換によって欧米の支援を引き出し、経済を立て直していけるかといえば、その見通しはかなり暗い。何より稼ぎの柱である原油が歴史的な安値に沈んでおり、経済再建の原資には大きな不安がある。もし、親米路線での政治運営にも行き詰まった時は、ベネズエラにはただならない大混乱が訪れるだろう。

新興国バブルの崩壊は間近

結局のところ、二〇〇〇年代中盤から一〇年強続いた新興国の経済成長のうち、後半にあたるリーマン・ショック以後の数年間は、中国バブル経済の末期的需要と先進国の異例の金融緩和による莫大なマネー供給、またそれによる資源価格高騰に支えられた、いわゆる「バブル的現象」だったということだ。

ここに挙げた新興諸国は、新興国ブーム以前から政治的・社会的に構造的問題を抱えていた。しかし、中国経済の急成長と緩和マネーが濁流のように押し寄せた結果、それらの問題が覆い隠されてしまった。これらの国は、以下に挙げるいずれか、あるいはその複数に該当している。

□人気取りのバラ撒き政策
□家計・企業部門の莫大な債務
□原油・資源への過剰な依存体質
□過剰な外貨建て債務
□政治腐敗の放置
□高インフレ体質

米国が利上げに踏み切り、緩和マネーが逆回転する中、資源価格の下落という要因も加わって、元々脆弱だった経済・財政運営の問題点が再び露呈したわけだが、このような結果はある意味当然といえるだろう。カリスマ投資家ウォーレン・バフェットは「潮が引いて、初めて誰が裸で泳いでいたかがわかる」と言ったが、まさに今の新興諸国を見事に言い表している。これが童話の世界なら、「裸の王様」は裸とバレても堂々と行進を続けられるが、経済の世界はそうはいかない。緩和マネーといえどもカネはカネ、ツケ払いで放漫な財政・経済運営をした王様はキッチリとむしり取られることになる。

前世紀末の金融危機から二〇年近く。新興国に再び「金融危機」が訪れる瞬間が迫っている。

第四章

日本の本当の状況とは

――構造的に衰退し、負け続ける国

「新三本の矢」は「新三個の的」

すでにここまで見てきたように、大荒れのスタートとなった二〇一六年の世界経済であるが、では二〇一六年、日本経済はどうなるのか？　二〇一六年の幕開けに当たっていろいろなマスコミがこの問題について論じていたが、ダイヤモンド・オンラインになかなか興味深い対談が掲載されていた。「復活か？沈没か？　二〇一六年の日本経済」と題する飯田泰之氏と小黒一正氏の新春対談だ。飯田氏は明治大学准教授、小黒氏は法政大学教授。いずれも四〇代前半の若手論客だが、経済政策に対するスタンスが違う。飯田氏はリフレ派、小黒氏は構造改革派だ。

「リフレ派」とはどういう立場かを簡単に説明しておくと、金融緩和政策・財政政策によって安定的なインフレと経済成長は実現可能であるとして、消費増税には反対の立場を取る。アベノミクスは基本的にこの考え方がバックにある。

構造改革派は日本経済の置かれている現状をより厳しくとらえ、今行なわれている異次元緩和などの経済政策では日本経済の復活などあり得ず、抜本的な改革が必要不可欠であると説く。経済政策に関する立場としては私は後者であるのだが、ここではひとまずそこからは離れて、この対談において興味深かった二つの点について述べようと思う。

その一点目は、アベノミクス「新三本の矢」（①名目ＧＤＰ六〇〇兆円、②希望出生率一・八、③介護離職ゼロ）に関してだ。立場が異なる二人が「新三本の矢」に対する見方は同じなのだ。どう同じなのか。「新三本の矢」は「矢」ではなくて「的」だと言うのである。飯田氏はこう言う。

「旧三本の矢」は、賛否はともかく〝何をやるのか〟は少なくとも経済学者は全員分かった。ですが「新三本の矢」は、「新三個の的」に近い話です。「一個も矢じゃないな、これは」と思ったという人が多いでしょう。
（ダイヤモンド・オンライン二〇一六年一月五日付より）

これに対して小黒氏もこう返す。

――「新三本の矢」は私も「的」だと思っているのです。（同前）

「的」、つまり狙う目標だというのである。確かにそうである。これは目標であって、「何をやるか」ではない。

さらに興味深いのは、「新三本の矢」に対する安倍晋三首相自身の認識だ。安倍首相は二〇一六年元旦の産経新聞紙上で、ラグビー日本代表主将のリーチ・マイケル氏と対談しているが、その中で『『GDP六〇〇兆円』『希望出生率一・八』『介護離職ゼロ』の三つの的に向かって頑張っていきたいと思います』と自ら「的」であると述べているのだ。安倍首相は夕刊フジの単独インタビューにおいても「三つの的に向かって、新しい三本の矢を放つ」と述べている。安倍首相自身も、これは「矢」ではなくて「的」であり、それに向けてる。

「頑張っていきたい」「矢を放つ」と考えているというのが本音なのである。しかしどう頑張るのか、どんな矢を放つのか、効果的な矢は放てるのか、それは大多数の国民はもちろんわからないし、経済学者も（「旧三本の矢」の場合とは異なり）わからないし、どうやら本音では安倍首相もわかっていないのである。だから「頑張っていきたい」という精神論が口をついて出てしまうのである。

再度、飯田氏と小黒氏との対談に戻ると、私と経済政策に関するスタンスは異なる飯田氏が、安倍首相がなぜ「矢」と言いつつ「的」＝バラ色の目標の話になってしまったのかについて、なかなか適切な説明を述べている。

昨年夏の安保国会の影響は否定できません。一時的ではありますが支持率が下がったことで、具体的な提案を出しにくくなってしまった。そう考えると、『新三本の矢』が具体化するかどうか、というか『新三個の的』を射るための矢がはっきりするのは、参院選の結果次第ですね。選挙の結果が思ったよりふるわないと、政治の指導力が落ちて、

さらに玉虫色のことしか言わなくなるでしょう。
（ダイヤモンド・オンライン二〇一六年一月五日付より）

こう述べてくると、私がさも安倍首相の口先のリップサービス政治に批判的なように受け取られるかもしれないが、必ずしも安倍首相だけが悪いとは思わない。もちろん、首相にはもっと確固たる姿勢で道を示してもらいたい。国民に対して厳しいことを言ってもらって大いに結構だとは思っている。しかし、大衆迎合の「衆愚政治」はもうこの国に弥漫《びまん》し切っており、安倍さんであろうと誰であろうとウケは狙わざるを得ない。飯田氏が指摘する安保国会の影響による一時的な支持率低下だって、野党側のウケ狙いが功を奏したものだ。

私が危惧するのは飯田氏と同じで、参議院選で安倍自民党が振るわなければ、安倍首相が一層バラ色の経済的未来＝「的」の話を振り撒かざるを得なくなってしまうだろう――それを危惧するのだ。なぜなら、日本経済はそんな夢物語に酔っている場合ではないからだ。日本経済の未来は極めて厳しい――遠からず財政破綻が顕在化することは繰り返し訴えてきたが、厳しいのは未来だけではない。日本経済の現状も極めて憂慮すべき状況にあるのだ。

「二〇三〇年には消費税率一〇〇％」

わが国財政が年金・医療・介護という社会保障費の膨張によって破綻必至であることは今まで何度も述べてきたから、本書では飯田氏と小黒氏との対談からの引用だけで、この話については終わりとする。本章の冒頭で、この若手論客の対談で「興味深かった二つの点」があったと述べた。その二点目だ。対談の中から引用しよう。

高齢者の雇用についても、もっと長く働いてもらうことで、年金の支給開始年齢を遅らせるというビジョンが必要ですよね。支給開始年齢はやはりせめて七〇歳にすべきです。（中略）このままでは社会保障制

度がもたない。(中略)

現在の社会保障費の増加ペースだと二〇四五年くらいまでずっと増税を続けないといけない。二〇一七年の消費増税どころでは済みません。(中略)

日本の財政を見ると、そのほとんどが社会保障の伸びに食われて、経済成長やインフラ整備、あるいは国防もそうかもしれないですが、これからのために必要なものに回らない。そうした状況で医療・介護の自己負担水準の見直しが非常に重大な問題だということには異論はありません。(ダイヤモンド・オンライン二〇一六年一月五日付より)

お読みになって、いかがだったであろうか。「なるほど、年金支給開始年齢はせめて七〇歳に引き上げるとか、構造改革派の小黒氏はここまで厳しい認識を持っているんだな」と思われただろうか。そうではないのだ。この発言は構造改革派の小黒氏の発言ではない。驚くなかれ、リフレ派の飯田氏の発言なのだ。

つまり、日本経済の底力や経済政策の有効性に信頼を置くリフレ派さえも、ここまで厳しい認識を持っている。それが明らかになっている対談であることが私には興味深かったのだ（ちなみに、年金支給開始年齢を七五歳に引き上げれば年金財政問題は解決するということを『すさまじい時代〈上〉』（第二海援隊刊）で詳しく説明してあるので、本書と合わせてお読みいただきたい）。

では、日本の現状をより厳しく認識している構造改革派の小黒氏の方はどのように考えているのか。

財務省などが出している数字では、今のままで行くと、政府の債務残高が二〇六〇年頃にはGDP比五〇〇％を超えてしまうような可能性もある。経済学者のもう少し精緻な計算でも、仮に社会保障改革があまりうまく進まないと、二〇三〇年頃にはもう消費税を一〇〇％に上げないと債務の発散を防げない、つまり財政安定化できないという推計もあったりする。推計なので当然誤差はありますが、そうすると

一五年後です。そんなに余裕はない。

（ダイヤモンド・オンライン二〇一六年一月五日付より）

社会保障改革が進まなければ、二〇三〇年に消費税率一〇〇％！——これが構造改革派の経済学者である小黒氏のとらえ方なのである（ちなみに、小黒氏は元財務官僚であり、現在も財務省財務総合政策研究所上席客員研究員なども兼務しており、またかつては内閣府経済社会総合研究所客員研究員や厚生労働省「保健医療二〇三五」策定懇談会委員なども務めていた。現実の日本の財政や社会保障制度に通暁した経済学者である）。

再び飯田氏の発言に戻る。飯田氏は対談の中で社会保障改革に関してこう述べている。

社会保障改革は支持率が高くないとできない課題なので、現政権にこそやって欲しい。ここでスルーされると、改革を実行可能な政権はしばらく出てこないのではないか。一〇年後にやろうとしたら今の倍以上難しいと思う。

（ダイヤモンド・オンライン二〇一六年一月五日付より）

まったく同感である。社会保障改革は絶対に国民の痛みをともなう。負担増と給付減、その両方が必要不可欠だ。だからこそ、高い支持率で強い指導力を発揮できる政権にしか成し遂げられないのだ。第一、安倍さんは自他共に認める〝保守〟ではないか。であれば、すっかり「国はやってくれて当たり前」という精神になってしまった国民に対して、ジョン・F・ケネディの如く「国があなたのために何をしてくれるのかを問うのではなく、あなたが国のために何を成すことができるのかを問うてください」と訴えるべきではないか。飯田氏も言うように、それができるのは安倍首相しかいないと私も思うのである。

「供給ではなく需要が問題なのだ、愚か者」

さて、高い支持率の安倍政権への期待を述べたが、ではアベノミクスを私が評価しているかと言えば、そうではない。まったくその逆である。アベノミクスは抜本的改革から逃げた円安・株高などによる一時的な目くらましに過ぎず、その一時的な目くらましだって本当に国民全員には行き渡ってはいない。潤っているのは、トヨタなどごく一部の大手輸出企業だけで、大手でも内需型企業には惨憺たる落ち込みを見せているところが少なくないし、中小企業はなおさらだ。

まずは、内需型企業を見ていこう。典型的なのは日本マクドナルドだ。二〇〇八年一二月期の連結売上高は四〇〇〇億円を超え、四〇六三億円であった。それが毎年下がり続け、二〇一四年一二月期の連結売上高は二二二三億円。わずか六年で半分近くにまで落ち込んでいるのである。もちろんここまで落ち込んだ主因は日本マクドナルド自体にある。期限切れ鶏肉や異物混入問題などにより消費者不信をかったことは、読者の皆さんの記憶にも新しいだろう。この点は個別企業の問題である。しかし、より根本的問題は、ハンバーガーショップという業態は若年層の利用が多く、少子化や人口減少の影響をストレートに受けるということである。日本マクドナルドの売上急減の根本問題はここにある。

次は、家電最大手のヤマダ電機だ。二〇一〇年三月期と一一年三月期、ヤマダ電機の連結売上高は二兆円を超え、一一年三月期は二兆一五三二億円にも達していた。それが、二〇一二年一二月にかつて業界トップだったベスト電器を子会社化したにもかかわらず、二〇一四年三月期の連結売上高は一兆八九三九億円、一五年三月期には一兆六六四三億円へと、やはり大きく減らしているのだ。日本マクドナルドと違ってヤマダ電機の場合は、顧客は若年層に限らない。すべての年代である。だから、人口減少の影響は受けるが、少子化による負の影響が顕著な日本マクドナルドほどのことはない。それでも、ここまでダウンしているのだ。

内需型企業は少子化、そして人口減少の影響をストレートに受ける。日本マクドナルドやヤマダ電機だけでなく、街のスーパーもパン屋さんもラーメン店も床屋さんもクリーニング店も、さらに学校だってみんな内需によって成り立っている。人口が減れば、内需が減り、国内市場は縮小する。それこそが日本経済の根っこに横たわる大問題なのだ。その点について、FT（フィナンシャル・タイムズ）チーフ・エコノミクス・コメンテーターのマーティン・ウルフ氏は、二〇一六年一月一二日付日本経済新聞電子版において、「アベノミクス、核心は民間需要の不足」と題して、日本経済の問題点をズバリ指摘している。

ウルフ氏は言う。日本経済の真の問題点は民間需要の弱さにある、もし供給サイドだとしたら、その根因は労働力の減少だと。数字で見てみると、たとえば住宅投資。昨今増え続ける「空き家」が大きな問題となってきているが、人口減少経済においては住宅投資も当然減少する。ウルフ氏によれば、家計の投資は一九九〇年代初めのＧＤＰ比七％から現在は四％にまで低下している。企業もそうだ。人口が増え、ニュータウンができていた時代なら、企業も新たに店を出したり、生産を強化するために工場を作ったりした。しかし、内需が縮小する時代には企業はそういう行動は取らない。儲けた分は新規投資には回さず、内部留保として蓄える。企業の投資は、今世紀に入ってから緩やかな下降線をたどり続けている。

この根本問題に真剣に取り組まない経済政策を、ウルフ氏は「供給ではなく需要が問題なのだ、愚か者」と手厳しく批判している。「愚か者」は手厳しいが、人口減少にともなう民間需要の不足こそが根本的問題であり、異次元の金融緩和によって円安になった、株高になったなどというのは、一時のぬか喜びに過ぎないのである（しかも詳しくは後述するが、そのぬか喜びに与ったのもごく一部の持てる層に限られているのだ）。

少子化対策として婚外子割合を五割超に？

安倍首相は外交や安全保障には強いが、経済には弱い。その安倍首相でも、「異次元緩和による円安・株高での一時しのぎはもう限界だな。やっぱり根本問題で夢を持たせなきゃいけないな」と気付き始め、そのために発せられたのが「新三本の矢」否「新三個の的」ということであったのだろう。しかし、「的」（目標、夢、素晴しい未来像）は結構だが、その実現に向けて発せられる矢はどうもあっちに飛んだりこっちに発せられたりの感がぬぐえない。

たとえば人口減少にブレーキをかける「希望出生率一・八」。政府として希望出生率目標を掲げることはよしとしよう。しかし、ではどんな「矢」を放てばいいのか？　たとえば内閣府のホームページで、「内閣府の政策」＞「子供・子育て本部」＞「少子化対策」＞「世界各国の出生率」と進んでいくと、このような解説が出てくる。

一九九〇（平成二）年頃からは、出生率の動きは国によって特有の動きをみせ、ここ数年では回復する国もみられるようになってきている。特に、フランスやスウェーデンでは、出生率が一・六台まで低下した後、回復傾向となり、直近ではフランスが二・〇一（二〇一一（平成二三）年）、スウェーデンが一・九〇（二〇一一年）となっている。これらの国の家族政策の特徴をみると、フランスでは、かつては家族手当等の経済的支援が中心であったが、一九九〇年代以降、保育の充実へシフトし、その後さらに出産・子育てと就労に関して幅広い選択ができるような環境整備、すなわち「両立支援」を強める方向で政策が進められている。スウェーデンでは、比較的早い時期から、経済的支援とあわせ、保育や育児休業制度といった「両立支援」の施策が進められてきた。

（内閣府ホームページより）

これを読むと、内閣府は少子化対策の政策として、フランスやスウェーデンに学ぼうとしていることがわかる。しかし、そう簡単にうまくいくのだろうか。オリックス元会長の宮内義彦氏は、二〇一五年一〇月一六日付日本経済新聞電子版に「人口減少は日本の最大の問題」と題する一文を掲載しているが、その中で安直に欧州に倣う姿勢を戒めている。たとえば、フランスは事実婚に法律婚と同等の権利を与える制度があり、生まれてくる子の多くは婚外子であるが、宮内氏は日本ですぐそんな制度改正などできはしないだろうというのだ。

さすがに経済人は広く人間と社会を見ている。ただ単に頭がいいだけのお役人とは違う。フランスもスウェーデンも婚外子の割合は実に五割を超える（日本は二％強。文字通りケタが違う）。そして両国とも婚外子へのサポートが極めて厚い。それが両国の出生率上昇の大きな要因になったことは間違いないが、内閣府はそれに倣って日本もその道をと言うのだろうか。フランスもスウェーデンもそれぞれの国の歴史、文化を背景とした社会があり、それを前提として制度改革を行なったのだ。その前提を無視して、もし、政府が本気でフランスやスウェーデンに倣う政策を取るとしたら、それは日本社会の革命的な変革になる。「革命的変革」と言えば聞こえはいいが、大混乱必至だろう。内閣府はそこまで考えているのだろうか？

Ⅰ種公務員の六割以上が女性の国シンガポールは、日本以上の少子化

少子化対策に関しては、もう一点、言っておかなくてはならないことがある。私が少子化対策の反面教師になると考えている国がある。私が年に二回は必ず訪れるシンガポールだ。シンガポールは二〇一四年の一人当たりGDPが五万六三一九米ドルで、三万六三三一米ドルの日本をはるかに引き離してアジアでダントツのトップに立つ。極めて戦略的な国家で、二一世紀に入っても高度成長を続けてきた（二〇一〇年などは、驚くなかれ一五・二四％！）。しかしこのシンガポール、合計特殊出生率はなんと一・一九（二〇一四年）で一・四二のわが国以上に少子化に頭を痛めているのだ。

その原因は何か。大きな要因の一つとして考えられているのが、男女の格差がなく、強いキャリア志向社会であることだ。天然資源のない小さな島国シンガポールにとって、活用できるのは限られた人的資源だけであった。そのため、男女の別なく能力に応じてチャンスが与えられるべきという能力主義の方針が確立した。女性の社会進出は世界トップクラスに進んでいる。

それを象徴するのが公務員に占める女性の割合だ。シンガポールの公務員は高給取りで有名だ。シンガポールは強い政府主導で開発を進めてきた典型的な開発独裁の国である。しかし、フィリピンやインドネシアといった他の開発独裁国が思ったほど経済的成果を上げられない中で、シンガポールは抜きん出た経済的成功を収めた。その原動力となったのが優秀な公務員である。一九八〇年代以降のシンガポール政府は、最優秀の人材を公務員として確保すること、民間への頭脳流出を防止すること、汚職を抑止することを目標に、上級公務員の高給与政策を取ってきた。トップクラスだと年収は一億円近くにもなる。だから、開発独裁の国に付きものの汚職は世界でも屈指の少なさなのである。

そのシンガポールの公務員は、業務の内容や学歴により四階級に分類されており、大学での成績上位者に授与される名誉学位で卒業した者はⅠ種公務員となるが、Ⅰ種公務員に占める女性比率は、驚くなかれ六三・三％！（二〇一二年）女性が男性をはるかに上回っているのだ。女性の社会進出という点では極めて進んでいるとも言えるが、その結果が少子化なのである。

つまり、結婚よりキャリア、子供を生むことよりキャリアという価値観になっているのである。経済成長そのものは続き財源は豊かなシンガポール政府は、少子化対策として、結婚支援、出産奨励金の支給、子育て支援補助金の支給など様々な手厚い対策を打ち出し続けているが、目立った効果は上げられていない。

話を安倍首相の政策に戻そう。「希望出生率一・八」を掲げた安倍首相。と同時に、「すべての女性が輝く社会づくり」を謳い、具体策では「隗《かい》より始めよ」の観点から、「女性国家公務員の採用を一層拡大するとともに、積極的な登用を推進」している。これはシンガポール化への道ではないか。安倍首相はシンガポールの現状を認識していないのだろうか？　シンガポール化を避けるための効果ある具体策まで考えているのだろうか？　どうもそうとは思えない。ただ単に「希望出生率」だの「女性が輝く社会」だの、ウケが良いキャッチを並べているに過ぎないと感じるのは、私だけではないであろう。残念だが、このままでは「希望出生率一・八」が単なる「希望」に終わることは、確実だと言わざるを得ない。

アベノミクスの恩恵を受けているのは、製造業大手と持てる者だけ

内需型企業の惨状、そしてその背景にある人口減少・少子化問題に関して、アベノミクスが何もなし得ていないことを見てきた。では、内需ではなく貿易に従事する企業やその従業員は潤っているのだろうか。

安倍首相、運がいいのだろうが、わが国にとって貿易面では大変いい風が吹いている。それはアベノミクス効果による円安→輸出の伸びということだけで

はない。読者の皆さんも感じている通り、原油などのエネルギーや資源価格が大幅に下がっているのだ。契約通貨ベースの輸入物価指数を見てみると、二〇一五年一一月は対前年比で一九・〇％の減。その最大の原因は石油・石炭・天然ガスの価格低下で前年比四二・九％も下落した。金属・同製品も二三・〇％も下落。契約通貨ベースではなく大幅に円安が進んだ円ベースで見ても、アベノミクス・スタート前より輸入物価指数は下がっている。このことは、ガソリン価格などの生活実感からおわかりいただけることと思う。つまり、物を作ったり経済活動をする元になる部分をわが国は多分に輸入に依存しているが、その価格は大幅に下がったのだ。

その一方で、輸出物価指数の方は、円安の影響で円ベースでは大幅に伸びている。契約通貨ベースでも大きな下落はしていない。これは、日本からの輸出品が工業製品であるため、原油や金属のように投機の対象にはならないからである。こうして見るといいことずくめなのだが、ではそれが国民を潤すことにつながっているかと言うと、どうもそうなってはいない。この点に関し、一橋大学名誉教授・早稲田大学ファイナンス総合研究所顧問である野口悠紀雄氏は、二〇一六年一月七日付ダイヤモンド・オンラインにおいて、「日本の利益となる輸入価格下落がなぜ成長につながらないのか」と題して、明確な分析を行なっている。引用しよう。

貿易に従事しているのは企業だから、交易条件（輸入価格／輸出価格）改善の利益の大部分は、企業の利益になって、賃金という形では払い出されない。企業の利益は、配当されるか、内部留保の増加になる。後者は株価の上昇を通じて株式保有者の所得となる。同様のメカニズムは、円安に関しても生じている。円安で製造業大企業の利益は増加した。しかし、人件費は増加しておらず、利益は主として内部留保となり、株価を上げて、資産所得者の所得を増大させた。他方で、円安によって物価や原材料費が上昇するので、労働者の賃金所得や零細企業の利益は増加しない。（中略）つまり、交易条件の改善は、確かに日本を豊かにしているのであるが、その利益は主として資産保有者に帰属し、労働者には帰属しないことになる。ところが、資産保有者の消費性向は低いために消費が増大することにはならず、資産の蓄積をもたらすだけの結果に終わる。他方で、労働者の所得が悩むため（原文ママ）に、彼らの消費が伸び悩む。この結果、経済全体の消費が伸び悩み、GDPが伸び悩む。

（ダイヤモンド・オンライン二〇一六年一月七日付より）

つまり、潤っているのは製造業大手と株式などの資産保有者ばかりで、労働者や中小零細企業はその余沢には与《あずか》っていないのである。そのことは数字にもはっきり表れている。まず賃金の推移から見ていこう。アベノミクスがスタートしてから実質賃金は、前年より下がっている時期の方が多いことが一目瞭然だ。そうは言っても、アベノミクス効果で株は上がった。民主党政権時代には日経平均一万円割れが常態化していたことを考えれば、これはアベノミクスの成果だと言ってよい。

しかし、である。それが消費に結びついていかないのだ。アベノミクス・スタート直前の二〇一二年一〇―一二月期の家計最終消費支出は、実質で三〇〇兆五四七三億円であった。内閣府が二〇一五年一二月八日に公表した二〇一五年七―九月期ではどうかというと、三〇〇兆二〇七億円。あんなに株が上がったのに、消費は伸びていないどころか実質では若干落ちているのだ。野口氏が述べている通り、金持ちは資産が殖えてもそんなにモノは買わない。「資産が殖えた」とほくほくしているだけなのだ。

ちなみに、家計の金融資産の調査にはいろいろあるが、二〇一五年六月から七月にかけて金融広報中央委員会が行なった調査によれば、二人以上の世帯のうち金融資産を保有していない世帯の割合は、なんと三〇・九%にも達する。しかも、この調査は毎年行なっているのだが、前年（二〇一四年）調査時では金融資産ゼロ世帯は三〇・四%であった。若干だがゼロ世帯は増えている。さらに遡れば、金融資産ゼロ世帯はこの数十年趨勢的に増え続けている。ゼロ世

アベノミクス下で実質賃金はまったく伸びていない

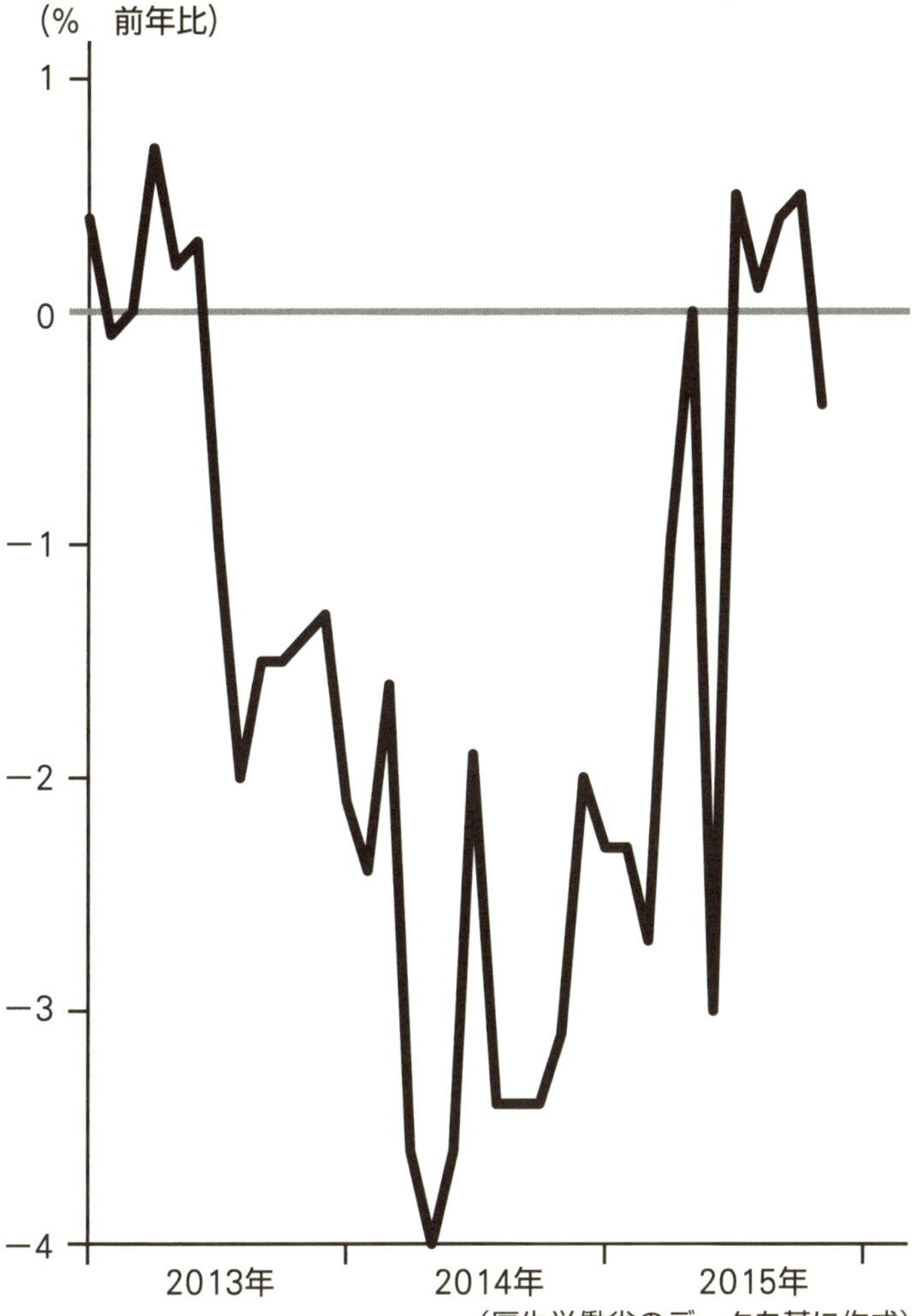

（厚生労働省のデータを基に作成）

帯は一九八七年にはわずか三・三％しかなかった。それが九〇年代後半から二ケタになり、二〇〇三年以降は二〇％台になり……と増え続け、三〇年足らずで一〇倍近くにもなっているのだ！　持たざる世帯が尋常でないくらい増え続けているのがこの数十年の日本なのである。

そして、アベノミクスもその問題を解決してはいない。一時的な目くらましのアベノミクスなどでは解決できない構造的問題が横たわっているのである。

もう一点、この調査の二〇一四年と一五年の数字を比較してみよう。世帯の金融資産保有額だ。世帯の金融資産保有額は、二〇一四年の平均値が一一八二万円で中央値が四〇〇万円。一五年は平均値が一二〇九万円で中央値が四〇〇万円となった。「中央値」とは何かと言うと、全世帯を金融資産が少ない（ゼロの）世帯から何十億円、何百億円というような多い世帯まで順番に並べた時に、真ん中に来る世帯の金融資産保有額のことを言う。一四年も一五年も中央値が四〇〇万円ということは、日本の世帯の半分は金融資産は四〇〇万円以下しかなく（前述したように三割以上の世帯はゼロ）、そして増えていないということ

金融資産ゼロ世帯数の推移

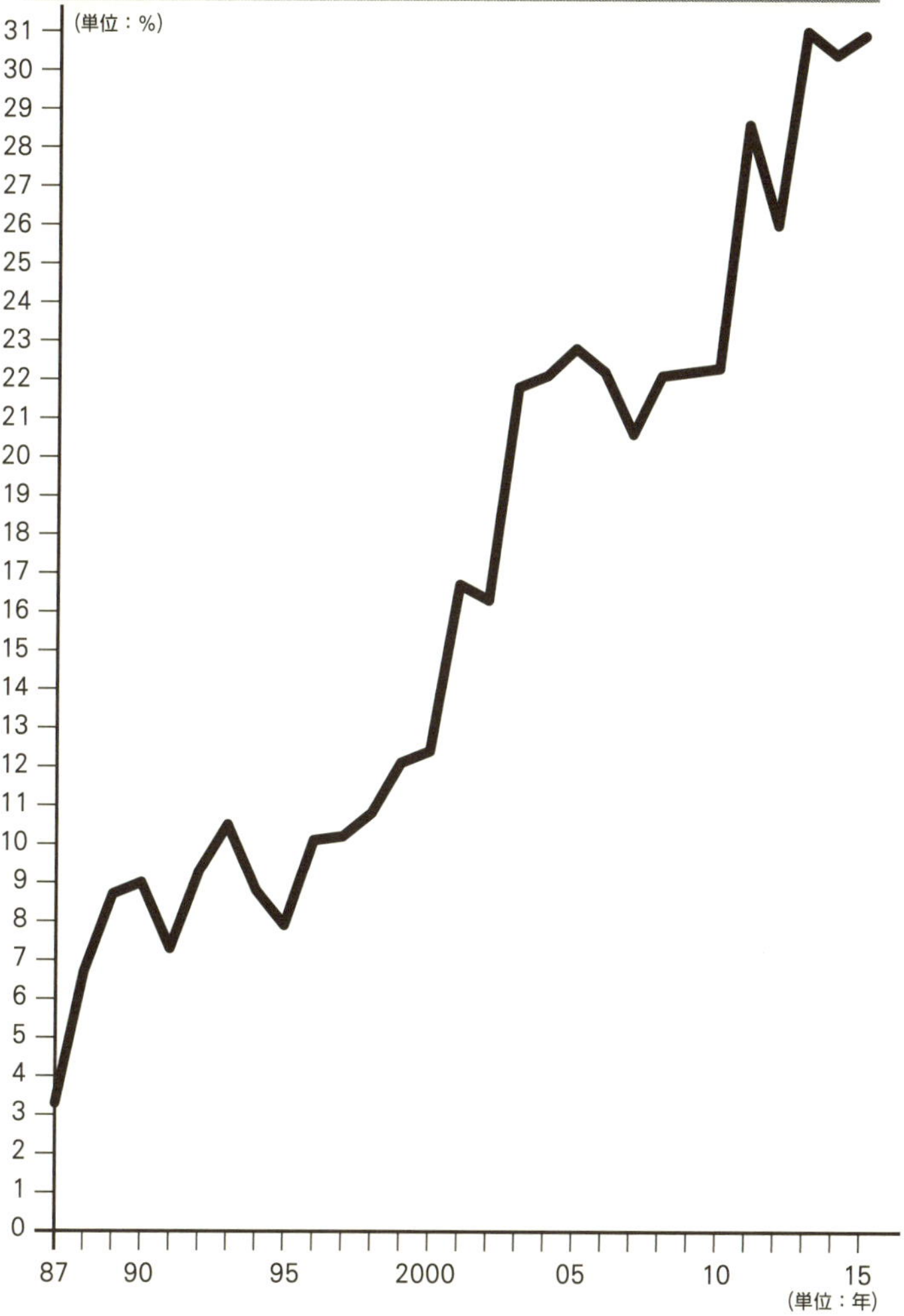

（金融広報中央委員会のデータを基に作成）

だ。

一方、平均値の方はずいぶん中央値と開きがあるし、増えている。これが何を意味しているかと言うと、持てる者が金融資産保有額平均を引き上げており、そして持てる層はアベノミクスの恩恵を受けて金融資産を殖やしているということだ。先の野口氏の指摘を、この調査数字が裏付けていると言えよう。

裏付けのない株価上昇は、麻薬による一時的な気分高揚

株が上がることは確かに望ましいことではある。株価が上がれば、なんとなく世の中の雰囲気も明るくなる。「株価は景気の先行指標」などとも言われるが、「景気」の「気」の字は気持ちの「気」だ。何事も「気」からだから、雰囲気・気持ちが明るくなるのはよいことだ。

しかし、アベノミクスによる株高は「景気の先行指標」として上がったのではない。「異次元」と呼ばれる異常な金融緩和政策によってもたらされたもので

ある。異常な金融緩和によってもたらされたマネーが実体経済には回らず、株式市場や不動産市場に流れ込んだ結果である。だからこの株価上昇は、麻薬によって一時的に気分が高揚しているに過ぎない。

実は、株式市場のプロはそのことがわかっている。二〇一五年三月一二日付の東洋経済オンラインに、なかなか面白い鼎談があった。セゾン投信社長の中野晴啓氏、レオス・キャピタル最高運用責任者の藤野英人氏、そして日本資本主義の父と呼ばれる渋澤栄一の子孫でコモンズ投信会長の渋澤健氏。日本株式市場のプロ中のプロであるこの三氏の鼎談である。軽妙な中に、ズバリ本質が突かれている。

中野：（日銀が）こうしてせっせとＥＴＦを買っているわけですから、株価そのものは上がりますよね。

渋澤：（中略）ゼロ金利ということは、経済成長もないことを意味します。なのに、株価だけは上がっている。（中略）この世で無限なのは、宇宙と中央銀行（笑）。
藤野：中央銀行の爆買いが続くと、いつの日かビッグバンです（笑）。
中野：それ、怖いですよね。お札をどんどん刷ってETFを買い続けると、日銀に対する信用が大爆発するかも。
（東洋経済オンライン二〇一五年三月一二日付より）

賃金は伸びない。消費も伸びない。経済成長もない。そんな中での異常な金融緩和による株価上昇など裏付けのないもので、いつかは破裂することを、株式市場のプロたちは冷静に眺めているのだ。
アベノミクスにより株価がかなり上がり、日経平均で見ると九〇〇〇円前後から一五〇〇〇円台にまで上昇した二〇一四年八月。内閣府政府広報室はある世論調査を行なった。「人口、経済社会等の日本の将来像に関する世論調査」だ。その「問一」は、五〇年後の日本の未来に対する意識を問うものだ。結果は「暗いと思う」が六〇・〇％で「明るいと思う」は三三・二％。ほぼダブルスコ

アで「暗い」が多い。「ご自身の将来について、不安を感じますか」という問いもある。こちらはもっとはっきり結果が出て、「不安を感じる」が六九・〇％で「不安を感じない」は三〇・二％。この調査結果を年代別に見てみると面白い。「不安を感じる」率が七割に達していないのは六〇代以上だけで、あとはどの年齢層でも七割を超えているのだ。七〇歳以上だと不安を感じる割合は五五・一％にまで下がる。ここには、将来がない人（＝短い人）だけは将来に不安を感じないという笑えない深刻な日本の現状がある。

株高はアベノミクスの成果だ。しかし、そんな表面的なことでは国民の根本的将来不安は解消されない。

「円高倒産」も「円安倒産」も防げない日本

「円安倒産」――アベノミクスが始まってから、こんな造語が誕生した。外国為替の円安に起因する原材料や燃料費の高騰が原因で起こる企業倒産のことだ。

二〇一五年七月八日、帝国データバンクは、二〇一三年一月から二〇一五年六月までの倒産企業（負債一〇〇〇万円以上、法的整理のみ）の中から、円安の影響を受けて倒産した企業を集計し、その結果を明らかにした。それによれば、一五年上半期の円安倒産は二三一件で前年同期比五九・三％の大幅増加となった。同社が集計を開始した一三年上半期以降、四期連続の前期比増となった。

円安倒産は、円安進行が一服したうえ原油安が一段と進んだ一五年後半にかけては低水準で推移。一五年下半期は一二一件にとどまり、集計開始の一三年上半期以降で初めて半期ベースで前期を下回って、一五年上半期に比べると四七・六％（一一〇件）の大幅減少となった。円安の一服と一段の原油安という僥倖により、円安倒産も一服といったところだが、今後どうなるかはわからない。それは為替次第だからだ。

少し前になるが、この円安倒産に関してロイターが興味深い見出しで伝えた記事がある。二〇一四年一二月五日付で出された「二倍の速度で進む円安、前回円高時に比べ関連倒産件数は三倍超」という記事だ。記事の冒頭部分を引用

円安関連倒産の推移

(年半期ベース)

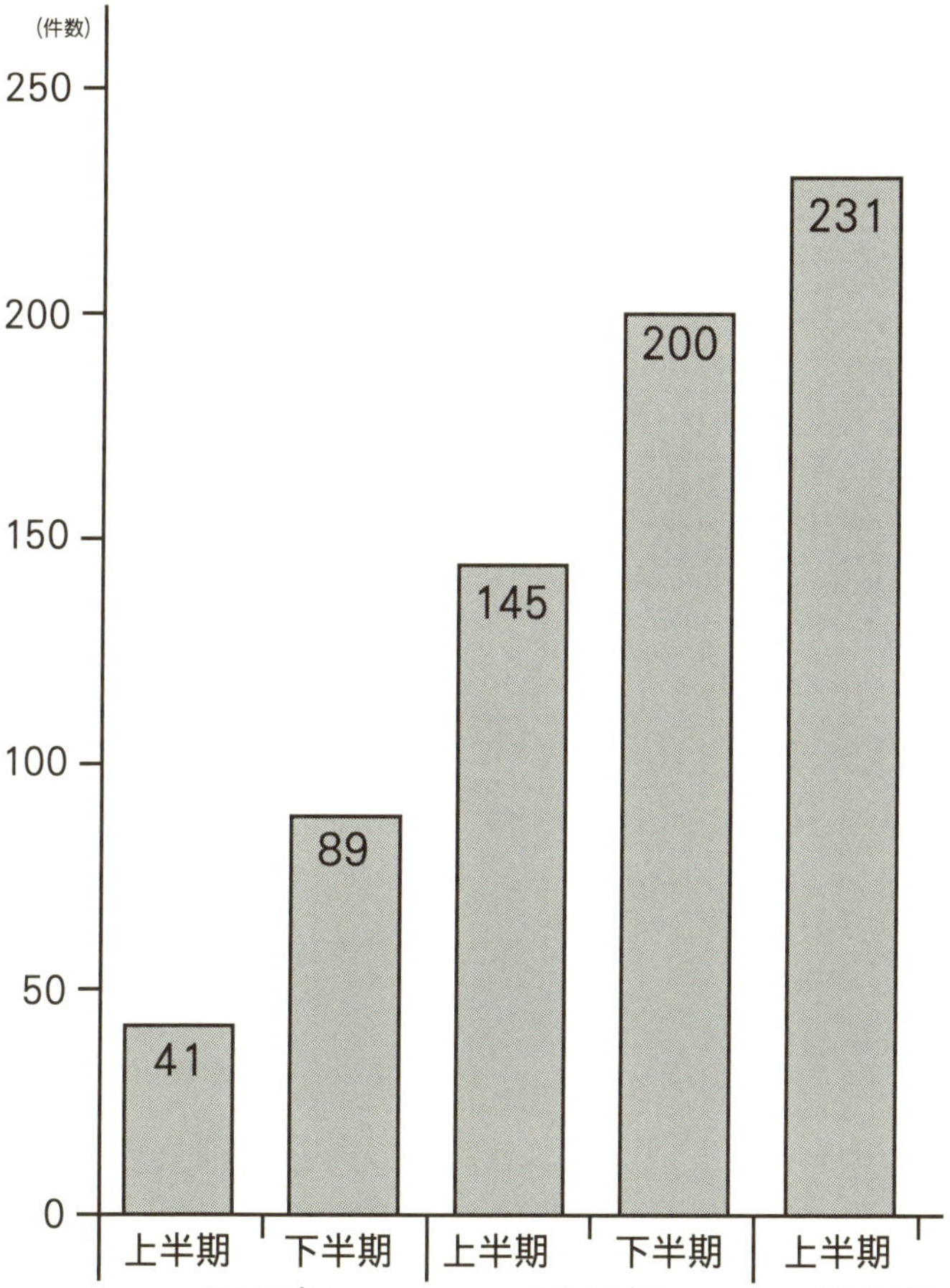

(帝国データバンクの資料を基に作成)

しよう。

円安が猛スピードで進んでいる。二〇〇七年からの円高は四年かけて四〇円の円高が進んだが、今回は二年で四〇円の円安となった。倒産は円高、円安どちらでも発生するが、企業が対応に困るのは為替変動のスピードが速い場合だ。円安倒産は中小・零細の輸入企業が多いため一件当たりの負債総額は小さいが、件数は円高倒産に比べ三倍以上。(中略)帝国データバンク東京支社情報部の内藤修氏は「円高でも円安でも倒産は発生するが、倒産が増えるのは為替変動が速い場合だ。企業に対応する時間がないためとみられる。(後略)」と警戒する。

(ロイター通信二〇一四年一二月五日付より)

当たり前と言えば当たり前の話である。為替というのは、海外との取引をしている企業にとっては、死命を決する重大な要素になる。だから、安定していることが望ましい。円高に動くにしろ円安に振れるにしろ、少しずつ、それも予測が付く形で動いてくれれば対応はできる。予測がつかない、対応できないような急激な変動はなるべく起こってほしくない。しかし、現実にはそうはならない。為替は動き出すと止まらない。それに対し、特に中小零細企業は対応できないのである。

下請け中小企業は悲鳴をあげている

ここで、現場の中小企業の生の声を聴いてみよう。少し前になるが、急速な円安が進んでいた二〇一四年一一月七日号の「週刊ポスト」からだ。題して「潰れゆく中小企業の悲痛な叫びを聞け『アベノミクスを恨みます』」。少し長くなるが、中小企業の「悲痛な叫び」に耳を傾けていただきたい。

——

株価の上昇や大手輸出企業の〝好業績〟の陰で、中小企業が悲鳴をあげている。この国の企業の九九％は中小企業であり、雇用の七割を支えている。この問題は単に「弱者を守れ」といった古い図式ではなく、日本経済全体の未来を危険にしている。

東京・大田区に本社を置き自動車部品などを製造する一英化学。プラスチックを原材料とする一〇〇点以上の部品を製造するほか、オリジナルの「すべら膳」という先が滑らない樹脂製の箸は、「大田ブランド」として地元の商工会議所などに認定されている。

埼玉県にある同社の工場ではアームロボットやプレス機械が忙しく稼働していた。だが、西村英雄・社長の表情は暗い。（中略）「大手が利益を上げているのは、うちのような中小や零細から吸い上げているだけなんですよ。円高の時は、メーカーから〝輸出できないからコストを下げてくれ〟という要請がきた。対応しないと仕事がなくなるから三〜五％下げた。でも、円安になっても単価を元に戻してくれるわけではない」。

電気代の値上がりの影響もある。一英化学の場合、以前は月六〇万円だった電気代が、今では八〇万円に跳ね上がっているという。それも納入価格に反映できない。「来年、創業五〇周年を迎えるが、いつまで続けられるだろうか……」西村社長はため息をつく。

中小企業がコスト増の納入価格への転嫁を言い出せないのは、この数年で日本の産業構造が大きく変わったからだ。経済産業省の統計によれば、日本企業の海外子会社の売上高は〇二～一二年の一〇年間で約三倍に膨らみ、その主たる要因の一つが生産拠点の海外移転だ。安倍首相は「国内回帰が起きる」と力説するが、そんな動きは見られず、下請け企業が少しでも納入価格を上げたいと言い出そうものなら、大手はさらに海外シフトを強め、中小は取引を打ち切られかねない状況なのだ。

経済ジャーナリストの須田慎一郎氏が指摘する。

「起きているのは完全な二極化です。大企業で最高益更新が相次ぐ一方で、中小企業、とくに地方の零細企業は激しく疲弊している。安倍政権の法人税減税にしても、利益が出ていない中小には何の恩恵もない」。

（「週刊ポスト」二〇一四年一一月七日号より）

ここには、円高・円安に振り回される日本経済の現状とそのあおりを一身に受ける下請け中小企業の苦悩に満ちた姿がよく表れている。ここでも指摘されている「生産拠点の海外移転」はわが国経済の根本的問題の一つだ。大手は海外に出て行ける。しかし、下請けの下町工場は出て行けない。海外に出て行った大手は大手で、「円安になったから、じゃあ日本に帰ろう」などと簡単には行かない。現地で法人を設立し、工場を建て、人を雇い……しているのだから。いったん決意してそこまでやっている以上、アベノミクスで円安に振れたからという程度で、日本に戻るわけに行きはしない。第一、為替の先行きなどわからないから、また円高に振れるかもしれない。それに、繰り返しになるが、日本は人口減少、市場縮小の国である。だったら、まだまだ市場が拡大する海外で勝負するしかない。現地生産した方が良いに決まっている。こう考える大企業経営者は当然多い。

今度は大手製造業トップの本音を聞いてみよう。アベノミクスが始まり、急激に円高が是正され始めた二〇一三年四月二五日に行なわれた三菱自動車決算会見において、益子修社長はズバリ大手製造業の本音を次のように語っている。

「国内は〇五年から人口減が進んでおり、内需が拡大するとは考えにくい。我々のビジネスモデルは日本を含む先進国で生産して先進国で売るやり方から、新興国で造って先進国に売っていく形に変わってきた。今後は新興国で造って新興国で販売する時代に間違いなく入っていく。その中で国内生産に回帰するとは考えにくい」。

非常に明快でわかりやすい大手製造業の本音である。これは三菱自動車だけの姿勢ではない。トヨタも日産もホンダも現地生産で北米やアジアの堅調な需要を取り組む動きを変えていない。この動きは自動車業界ばかりではない。日本経済新聞が二〇一三年三月二三日にまとめた「社長一〇〇人アンケート」（日本経済新聞社が国内主要企業の社長を対象に四半期ごとに実施）によれば、円高が修正されても海外生産の規模を「拡大する」とした回答が三二・四％にもおよぶ一方、逆に「縮小する」と答えた経営者はゼロ（！）だったのである。

したたかな戦略国・中国と大局観なき日本人

人口減少・内需縮小がわが国の根本的問題であること、そしてアベノミクスはそれに対してはまったく何もなし得ていないことは繰り返し述べてきたから、ここではもうこれ以上述べない。今から述べるのは、アベノミクス以前の構造的大問題（人口減少自体もアベノミクス以前の構造的大問題ではあるが）についてである。アベノミクスで円高が急速に是正され始めても、製造業大手は現地生産強化を進める姿勢であることは上述した通りだが、次の記事はちょうどその頃のものだ。

二〇一三年五月四日の日本経済新聞は「日本勢、現地生産を加速」の見出しに「将来の為替リスクも緩和」という小見出しを付けて、こう報じていた。

足元では円高が是正され、日産自動車が一部車種の北米への生産移管を一時延期するといった動きもあるが、将来の為替変動リスクを減らす狙いもあり、各社は現地生産の体制整備を急ぐ。

（日本経済新聞二〇一三年五月四日付より）

将来の為替リスク——確かに足元では一時的に円高が修正されて円安になっているが、そんなものは市場任せなのだからどうなるかはわからない。だから現地生産体制整備を急ぐというのである。

為替リスク——先にも述べたように為替が動くにしても、安定的に推移してくれるのが企業経営にとって望ましいのは言を俟たない。市場任せでどうにもならないのでは困ってしまう。

ところが、今の世界でもこのような為替リスクを抑え込んでいる国がある。

その代表は中国である。中国の通貨・人民元の為替レートは自由な市場では決まるわけではない。人民元レートは「管理変動相場制」という通貨当局の管理下にある為替制度によって決定される。具体的に言えば、米ドルやユーロ・日本円・香港ドルなどの通貨に対する人民元の一日の変動幅は制限されている。たとえば、対米ドルの変動幅は中心レートの上下二％、対ユーロ・日本円・英ポンド・香港ドル・豪ドルなどの通貨に対しては一日最大上下三％に制限されている。人民元の為替制度は「通貨バスケット制」（複数の通貨を選んでバスケットに入れ、それで為替を決めるから、このように呼ばれる）とも呼ばれるが、実はあくまでも「通貨バスケットを参考に調整する」という管理相場制であり、当局の判断で調整する制度なのだ。

中国人民銀行は「急激な変動はわが国の根本的な利益に合致しない」との意向を示している。ある意味、極めて当然の見解であり、それに基づいた中国にとっては合理的な為替制度であると言えよう。いや、中国にとってと言うよりも、その考えの方が真っ当なのではなかろうか。そもそも、一国の経済を左右する極めて重要なカギとなる為替を、国際的投機マネーの自由にさせて不安定化させることがよいはずがない。できればコントロールしたいというのが当然だ。

私たちは市場に左右されどうなるかわからない為替というのが当たり前のように思っているし、それが「自由」の名のもとに大手を振って歩いている感があるが、その発想そのものがおかしいのではないか。いつの間にか市場原理主義に侵されているのかもしれない。

超円高は「金融戦争」敗戦によって作られた

国益のためには大局観がなければならない。それがなければ、国を誤る。そして、負けに負けを重ねることになる。実は日本は戦後も「敗戦」を続けてきた。敗戦という構造が固定されている。だから、敗戦を繰り返すのだ。私がアベノミクス以前の構造的大問題というのはこのことだ。私たちは大局観を持って日本の現状、日本の戦後を見なくてはならない。

戦後も「敗戦」を続けてきたなどと書くと、「いや、少なくともバブル期くらいまでは世界で比類なき高度経済成長を遂げた勝ち組だったではないか」という反論が来ることであろう。確かにそうである。アメリカにとって日本経済が脅威となり、敵視するようになるまでは。

しかし、一たびアメリカにとって脅威となった時、わが国はアメリカの要求を唯々諾々と飲み続けるしかなかった。それも、屈従していることが国民にはなるべく明らかにしないように伏せて……。その経済敗戦の構図を見て行こう。

元大蔵官僚で一九八〇年代から九〇年代にかけてわが国の国際金融政策の中枢にいた久保田勇夫氏は、著書の中でこう述べる。


わが国がその金融力において歴史的なピークにあった時代で、米国相手に一大金融戦争を行っていたまさにその時に、私はその中枢にいて、参謀としてこのほとんどの戦いに参画したのである。

（久保田勇夫『日米金融交渉の真実
　――激烈な経済戦争はかく戦われた』より）

「経済戦争」「一大金融戦争」――それくらい激しいものであったのは事実である。しかし、より事実に即して言えば、それはアメリカからの激しい攻撃とそれに対して防戦一方の日本の戦いであった。

高度経済成長を成し遂げ、貿易黒字・経常黒字をどんどん拡大していった日本に対し、アメリカはわが国金融市場の自由化と円高を求めた。プラザ合意の前年、一九八四年に行なわれた「日米円ドル委員会」である。「金融の黒船到来」――これは大変なことではないかとの衝撃が大蔵省内を走った。当初、大蔵省の金融部局内には勇ましい声もあった。「（金融自由化という）国内の事情について、どうして外国と協議する必要があるのか。わが国でやりたければ、自分の意思でやれば良いだけの話ではないのか」。しかし、彼我の力関係からして、そんな筋論は通るはずもなかった。

この「日米円ドル委員会」によって、わが国の「為替の実需原則」と「円転換規制」は撤廃された。それまで、日本の為替管理制度においては、「実需原則」が採用され、経常収支の取引（実体取引）にともなう先物取引については自由であったが、実体取引と直接対応することのない先物為替取引は厳しく制限されていた。それは投機を目的とした先物為替取引を抑止するための措置であった。それが「実需原則」の撤廃によって、実体取引の有無に関係なくまったく自由にアメリカの投機マネーが先物為替取引を行なえるようになったのである。

「円転換規制」もそうだ。これも海外からの投機マネーが国内に流入することを抑制するための為替管理方法であったが、一九八四年六月一日から全面的に撤廃された。これ以降、ドル／円相場はアメリカの投機マネーにいいようにされるようになり、アメリカの狙い通り超円高が作られていったのである。

敗戦・占領以降、対米従属は構造化されている

久保田氏は「日米円ドル委員会」から一九八九年～九〇年の「日米構造協議」、そして九三年～九五年にかけての「日米金融サービス協議」において、日本側の中心として戦うことになる。交渉を振り返って久保田氏はこう述べる。

この交渉は、米側がわが国に要求する形のものが大部分であったが、先方の求める領域も時と共に深く、かつ、重いものになっていった。当初は、わが国からの対米輸出をいかに制限するかといった両国間の取引そのものに関するものであったが、時が経つにつれて（中略）ついには、わが国の『経済構造』そのものの変革までも求めるようになったのである。（久保田勇夫『日米金融交渉の真実――激烈な経済戦争はかく戦われた』より）

ここまで読まれた読者は、「『経済構造』そのものの変革まで求める⁉　それは内政干渉そのものじゃないか！」と憤りを覚えられたかもしれない。普通に考えてそうである。あり得ない話だ。しかし、人間関係でもそうだが、国と国との関係も力関係によってあり得ないこと、あってはならないことがあり得るのだ。

日本経済新聞の滝田洋一氏は、著書の中で次のように解説する。

日米が深刻に対立したように見えても、最後は日本側が妥協案を提示する。米国のドルと核の傘の下に日本が置かれた、戦後の日米関係を象徴する交渉パターンは、日米円・ドル委員会の協議でも忠実に繰り返された。（中略）中国が今や、米国から人民元相場の切り上げを求められているのだから、二十年単位で因果は巡っている。〇五年時点での大場（引用者注：大場智満元大蔵省財務官）の見立ては「対米の経常黒

字が大きく、保護主義の標的となっている点が似ている」としつつも、「日本は安全保障を米国に依存しているが中国は違う」というものだ。通貨外交の裏側には、外交、安全保障の世界が存在し、経済力が政治力に転化する力学が存在する。

（滝田洋一『日米通貨交渉20年目の真実』より）

そうなのである。ここが日本と中国との決定的な違いなのである。日本は安全保障をアメリカに依存している。俗に言う「アメリカの核の傘」の下にいる。もっと明確に言えば、敗戦・占領によって、日本は二度とアメリカに歯向かわない国に去勢され、アメリカの従属下に置かれた。生殺与奪の権はアメリカに握られている。だから、滝田氏が的確に述べている通り、日米の深刻な対立など、そう「見えて」いるに過ぎない。最終的には日本側が妥協するしか道はない。敗北しかあり得ないのである。「飼い犬に手を噛まれる」という言葉があるが、アメリカは日本にそんなことはさせないのだ。

それに対して中国は違う。安全保障＝自国の存立は自分で決めることができる真の独立国である。だから、アメリカの要求に屈することなく、力を付けた近年はアジアインフラ投資銀行（ＡＩＩＢ）の一件でも人民元のＳＤＲ化問題でも、英仏独といったヨーロッパ諸国まで味方に付けて、堂々とアメリカの向こうを張れるのである。

日米間の「経済戦争」は通商面でもあった。富士通の社長・会長・名誉会長を歴任した山本卓眞氏は、一九八〇年代の「日米半導体戦争」を振り返って、前出の大場氏・滝田氏と同じ思いを吐露している。

結局、日本の通産省は負けまして、富士通はアメリカの半導体を何億円分か買わされた。それを契機に日本の半導体全般が、下り坂に向かいます。結局、通産省だけ頑張ってもどうにもならない。国家というのは政治の上にあるということです。政治と経済は車の両輪という言葉は聞こえはいいけれど、それは決して現実ではない。（中略）特に軍

事を他国に全て依存するとそうなる。これは歴史が物語るところです。
（「明日への選択」平成二三年一月号より）

日本がアメリカの従属下にあることを示す経済事例は枚挙にいとまがないが、あと一つだけ挙げておこう。医療保険・がん保険など第三分野と呼ばれる保険のことだ。皆さんは医療保険・がん保険と言うとどこの保険会社を思い浮かぶだろうか。おそらく、「アフラック」（アメリカンファミリー生命保険会社）であろう。日本で七割近い圧倒的なシェアを持つ。なぜか。かつて二〇〇一年まで、日本で医療保険・がん保険を取り扱うことができたのは、外資だけ（事実上アメリカンファミリーの寡占）だったからだ。日本の保険会社は取り扱うことができなかったのだ。

念のため言っておくが、これは日本国内での話だ。アメリカでの話ではない。外資の参入を規制するというのならわかるが、外資にしか売らせないというのだから、日本が戦後ずっとアメリカの属国だったことがよくわかる事例だろう。

実は、医療保険というのは非常にボロい商売で儲かる。だから、市場を制圧するまで日本企業の参入は許されなかったのだ。今でも「アフラック」は全社利益の約八割を日本で儲けている。二〇一四年一〇月から郵便局でがん保険の販売が開始されたが、それは「かんぽ生命」の商品ではない。「アフラック」の商品だ。日本政府関係者は「TPPとは無関係」と強調するが、これまたTPP交渉で米側の圧力を受けて決められたとの見方が根強い。「かんぽ生命」独自のがん保険は、当分の間日本政府は認可しないとみられている。

内政干渉を隠ぺいする日本政府

そしてさらなる問題は、私たち日本国民がこの構造化された「敗戦」の自覚がないことだ。前述した医療保険・がん保険は外資しか売れなかったという話もそうだが、ほとんどの日本人は知らないのではないだろうか。なんとなく「失われた一〇年」とか「失われた二〇年」などと言っているが、その源になっているのは、今まで見てきたような対米経済戦争における徹底的な敗戦なのである。なぜ日本国民にその自覚がないかと言うと、内政干渉・経済敗戦という事実をわが国が意図的に隠ぺいしてきたからである。

「日米構造協議」――実はこの訳語は日本側による苦心の意訳である。英語の原文はStructural Impediments Initiative（SII）であり、直訳すれば「構造障壁イニシアティブ」。イニシアティブは半ば日本語化しているが、「主導権」というような意味で「協議」などという意味はない。アメリカが主導して日本の構造障壁を取り除こうという意味なのである。それを敢えて「協議」と訳したのは、内政干渉を受けているということを隠ぺいしようとする日本政府の意図が見え隠れする。政府にとって従属国であること、あり得ないような内政干渉を受けていることは「不都合な真実」だから、それは隠ぺいしようとする。だから、多くの国民は理解していない。本当の苦しみがわからないのである。日本政府は当時これを「友好国同志のアイデア交換」（平成二年版通商白書）とまで表現しているが、当時通商産業省通商政策局長として交渉に当たった畠山襄氏は、著書『通商交渉　国益を巡るドラマ』（日本経済新聞社刊）の中で「日米構造協議」を「『内政干渉』の制度化」と呼んだ上で、その問題点を次のように述べている。「米国は、日本の輸入拡大の障害となっている（と彼らが考える）制度について意見がいえるが、日本は（中略）米国の輸入の障害については意見はいえないのだ」。

日本経済復活は……ない。では、どういう道があるのか？

四〇代以上の読者の方はご記憶にあるだろうが、ここで見てきたように、かつて日本は経済面ではアメリカが脅威を覚えるくらいの勢いを誇っていた。五〇代以上の方には、一九七九年にアメリカの社会学者エズラ・ヴォーゲルが書いた『ジャパン・アズ・ナンバーワン：アメリカへの教訓』がベストセラーになり一世を風靡したことも、懐かしく思い出されるのではなかろうか（若い読者には想像もつかないであろうが）。

しかし、アメリカが本気になれば、日本はいつも叩き潰されてきた。日本国内の構造をアメリカのいいように変革させられてきた。最近は、あまり日米経済摩擦は聞かれなくなった。もうアメリカにとって脅威ではなくなってしまったからである。二〇一六年元旦の日本経済新聞社説は、次のように日本経済の現在の姿に対し危機感を訴える。

国際通貨基金（ＩＭＦ）がまとめている国別の一人当たり名目国内総生産（ＧＤＰ）の統計がある。それをみると、がくぜんとする。一四年、日本は世界で二七位に沈んでいるのだ。東アジアでは香港に抜かれ、四位になってしまった。その上にはシンガポール、ブルネイがランクしており、韓国がすぐ後の三〇位に迫ってきている。

一九九〇年代半ばには三位を維持、九〇年代を通じてずっと一〇位以内だった。アジアではもちろんトップ。〇〇年代に入ってから一〇番台になり、あっという間に二〇番台に転落した。

もちろんＧＤＰがすべてではないが、もはや日本は世界の中位国でしかない。

（日本経済新聞二〇一六年一月一日付より）

日本経済復活の可能性はあるのか。おそらく、ないであろう。その理由は、本章で見てきた通りだ。少子化。人口減少。それにともなう社会保障制度破綻から来る財政破綻と内需の縮小。大手は海外に出て行き中小は国内で苦しむ。

そして何より、独立国のようで独立国でないことだ。安倍首相は外交はよくやっているとは思う。しかし、安倍首相がどれほど頑張っても、絶対に戦後日本の構造——日本は敗戦国でアメリカの従属下に置かれている——から脱却することはできないし、やろうともしない。だから、アジアインフラ投資銀行（ＡＩＩＢ）の時も人民元のＳＤＲ化の時も、アメリカにくっついていくしかなかった。英仏独のようにアメリカの意向に反して中国に付くなどということはできないのである。

しかし、冷戦終結後は世界唯一の超大国であったアメリカも、オバマ大統領が自ら宣言したように、「もはや世界の警察官ではない」。世界が米中のＧ２時代に入るのか、それとも指導国不在のＧゼロ時代に突入するのか、それはまだ私にもわからない。

ただ一つ言えるのは、そのような不透明・不安定な時代に、アメリカについていくという選択肢しかないわが国は大丈夫なのだろうかということだ。世界情勢はきわめて流動的に動く。ある時はＡ国と手を結び、ある時はＢ国と手を結ぶ。グローバル化する世界にあって、今日経済は世界の荒波をまともに受ける。それを乗り越えて行くためには、単に経済力や技術力だけでなく広い意味での外交、すなわち軍事や諜報などのインテリジェンスの力が必要不可欠である。しかし、わが国はそういう手を縛られており、アメリカ追従という選択肢しかないのである。

最悪、アメリカが中国と結ぶような時が来たら、日本は一体どうなってしまうのだろうか……。そしてそういう悪夢も決してあり得ないことではない。アメリカには前科がある。一九七〇年代、いきなり中華民国（台湾）を切り捨て、中華人民共和国と国交を結んだではないか。どこの国もそうだが、国益のためなら何でもするのだ。

日本経済復活のためには、日本がタフな真の独立国になる以外はない。しかしその道はまったく見えない。だとすれば残る道は、世界の中でタフに戦って再び経済大国を目指すのではなく、日本の中で、日本のよさ、手作りのよさ、手作りの幸せを確認して生きて行く道ではなかろうか。近年のベストセラーで言えば、『里山資本主義』の道、国で言えば「国民総幸福量」の概念に基づく「世界一幸せな国」ブータンの道かもしれない。

要は欧米列強に追いつき追い越せでやってきた明治以降の近代から離れてみる道である。もしかしたら人口減少問題解決の道も、その先にあるかもしれない。実は人口増加率が世界でもっとも高い国はオマーンという中東の君主国だ。二位もカタールで中東諸国の人口増加率はおおむね高いが、中でもオマーンは二〇一〇年〜二〇一五年の年平均増加率が七・九%と飛び抜けて高い。出生率は二・八五でこの一〇年くらい三を少し切るくらいの水準で安定している。オマーンはもちろん産油国ではあるが、一人当たりＧＤＰで見てみると貧しくはないがそれほど豊かというわけでもない。台湾の少し下あたりだ。日本と大きくは変わらない。

なぜ、そんな国の人口増加率が世界で飛び抜けて高いのか、私も知らないが、学ぶのはフランスやスウェーデンでなくてもよい、欧米でなくてもいいではないかということだ。オマーンの先々代国王は退位後日本人と結婚しており、親日的な国でもある。ちょっと欧米を世界基準として見る世界から離れた方が、新しい何かが、新しい道が見えてくるかもしれない。少なくとも、経済大国復活などというあり得ない夢に向かって苦しむよりはその方が幸せなのではないかと、近代国家としての日本の未来には希望が持てない私は思うのである。

そして、今まさに目前に迫っている世界恐慌によって、本章で見てきた日本の問題点がすべて白日の下にさらされ、大変な時代に突入することとなろう。アベノミクスは引っくり返り、税収は減り、やがて国家破産への地獄の扉が開くことになる。

第五章
恐慌の歴史と教訓

〝恐慌〟はその直前まで〝好況〟を呈している

世界はこれまで何度も恐慌に見舞われてきた。基本的に恐慌はその直前まで好況局面であることが多い。また、資産バブルの生成と崩壊をともなうものが少なくない。

景気が過熱し、資産価格が高騰する中、渦中にいる人々の多くは好景気や資産価格の膨張が永遠に続くものと信じて疑わない。その結果、ますます景気は過熱し、資産価格も上昇を続ける。やがて、合理的な説明がまったくできないほどまで相場は上昇し、その異常さに気付いた人々が一斉に売りに回り、資産価格は暴落、景気も一気に後退し、恐慌に陥る。私たちはこれを何度も繰り返してきたのである。

そのたびに得られる教訓も決して少なくなかったはずだ。それにもかかわらず、識者が語る「今回は違う」といういかにももっともらしい理由を信じ、多くの人々が資産バブルの生成と崩壊、そして恐慌という荒波に襲われてきたのだ。

世界恐慌の足音が不気味に近づく中、今度こそ私たちは過去の歴史に学ばなければならない。今度こそ、その中から教訓を得て、生き残りの糧としなければならない。

そこで、本章ではこれまで繰り返されてきたバブルの膨張と崩壊がもたらした恐慌の歴史を振り返り、そこから得られる教訓について考えてみたい。

世界初のバブル事件

世界で最初のバブルは一七世紀のオランダで発生した。この時、投機の対象になったのは株でも不動産でもない。なんとチューリップの球根であった。

当時のオランダはオランダ海上帝国としてヨーロッパに君臨し、経済的な繁栄を謳歌していた。そのオランダにトルコからチューリップが輸入されると、その美しさに魅せられた裕福な愛好家たちの間でチューリップの人気が高まった。品種改良も盛んに行なわれ、高級品種の球根は高値で取引された。その中でも、「センペル・アウグストゥス」という名のチューリップはその美しさに希少さも加わり、ひときわ珍重された。

チューリップの人気が高まり、価格が高騰するにつれ、一六三四年頃には投機家たちが目を付け始める。職人や工員、農民など様々な人々が球根の相場に手を出した。球根の取引はますます過熱し、相場は上昇した。「センペル・アウグストゥス」の価格は、ピーク時には六〇〇〇ギルダー（平均的な市民の年収の二五年分）まで高騰したという。

球根の売買で財を成す者も現れ、多くの人々が投機熱に浮かされた。彼らは「チューリップの球根を売買すれば必ず儲かる。損する者など誰もいない」と思い込むようになる。球根の相場に全財産を投じる者も少なくなかった。

しかし、このような異常な相場はいずれ必ず終わる。一六三七年二月三日、ついにその時が来た。チューリップ相場は、それまでの力強い上昇がまるで嘘のように瞬く間に暴落していったのである。価格を下げてもまったく買い手が付かず、ついには価格自体が付かなくなった。吹き荒れる暴落の嵐に人々はパニックに陥った。売りが売りを呼び、相場はついに一〇〇分の一以下にまで暴落し、オランダ経済を大混乱に陥れた。

当初、チューリップの球根は現物で取引されていたが、相場の過熱にともない、人々はさらなる収益機会を求め、やがて先物取引が行なわれるようになった。この先物取引もバブル崩壊の被害をより深刻なものにした。

先物取引の場合、実際の取引額のごく一部の資金があれば取引ができる。そのため、資金力の乏しい庶民にも参加しやすかった。ただ、ごく一部の資金で投資できるということは、逆に言えば、自己資金の何倍もの金額を取引できるということでもある。

十分な資産があり、その一部の資金で投資していた人はまだよいが、資産がごくわずかでそのわずかな資産をすべて先物取引に投資していた人々は、チューリップ・バブルの崩壊により、到底返済できない債務を負うことになったのである。ここに資本主義史上永遠のテーマである「借金ほど恐いものはない」という教訓が出てくるのである。

一八七三年の大不況

一八七三年五月一日、オーストリア＝ハンガリー帝国の首都ウィーンでウィーン万国博覧会が開幕した。あろうことか、この華々しい国際イベントの開催期間中に、ウィーン証券取引所は大パニックに見舞われたのである。当時のウィーンは建設ラッシュに沸き、株や住宅への投資ブームが起きていた。そのような中、ウィーン万博開幕から一週間ほどが経った五月九日、ウィーンの株価は暴落した。銀行の破綻が相次ぎ、多くの投資家が破産した。

その影響は広くヨーロッパ各国に広がった。さらに同年九月にはニューヨークのウォール街にも危機が波及した。ニューヨークでは鉄道株の下落が株式市場の全面的な暴落を引き起こし、ニューヨーク証券取引所は一〇日間に亘り閉鎖される事態となった。企業倒産、債務不履行が相次ぎ、多くの人が失業した。それまで成長エンジンとしてアメリカ経済を力強く支えてきた鉄道事業の過剰投資が重荷となり、同年一一月までに五五社の鉄道会社が破綻した。

一八七三年に始まった大不況は、一八九六年まで実に二〇年以上続いた。その二〇年間、全体としては後に起こる一九三〇年代の世界恐慌ほどの劇的な経済崩壊には至らなかったが、デフレと低成長が各国に暗い影を落とした。大不況が始まった一八七三年当初、多くの人々はそれまでと同様、不況は一時的なもので、じきに回復するだろうと考えていた。しかし、期待は裏切られた。確かに何度か回復局面は訪れたが長続きせず、景気は一向に上向かなかった。

イギリスでは産業革命以降、貧富の差が著しく拡大したが、この恐慌の期間、下層階級の人々は極めて厳しい生活を強いられた。大不況真っ只中の一八八三年に出版された「ロンドンの見捨てられた人々の悲痛な叫び――零落貧民の状態に関する調査」と題されたパンフレットには、当時のイギリスの貧しい人々の想像を絶する悲惨な生活実態が記されている。

そのパンフレットによると、彼らが借りている部屋の平均的な広さは八フィート平方（一フィートは約〇・三メートル）で、そこに二家族が住むこともあったという。公衆衛生監督官の報告によると、ある地下の一室には父、母、三人の子供と四匹の豚、また、別の部屋には天然痘に罹って寝ている男と、八回目のお産から回復したばかりの妻、半裸の汚い身なりの子供たちが走り回っていた。七人家族が住む地下の台所には死んだ幼子が横たえられている。貧しい寡婦と三人の子供、死後一三日が経った子供がいる部屋もあった。ベッドのある部屋もあったが、大部分は不潔な板の上に汚れたぼろ切れや削りくずや藁を積んだだけの粗末なものであった。借りている部屋を不道徳な目的のために夜半過ぎまで貸すため、夜になると子供を家から追い出す母親もいたという。

しかし、驚くことにこのような部屋に住むことができる者はまだましだったという。これほどひどい部屋にも住めない人々は、一日中放浪して、生活の糧を拾いあさり、夜になると共同宿泊所に寝泊まりした。共同宿泊所は男女同室で、盗人や浮浪者の巣窟となっていた。一泊二ペンスの共同宿泊所に泊まれない者は、建物の階段や踊り場にたむろすることになる。
このようなスラム街ではまともな結婚はむしろ稀で、近親相姦さえ当たり前だったという。病気になれば死を待つのみで、平均寿命は二〇歳にも届かなかったようだ。彼らは劣悪な環境の中で、伝染病の恐怖に怯えながら荒んだ生活を送らざるを得なかったのである。

昭和金融恐慌

第一次世界大戦中のわが国は、「大戦景気」と呼ばれる空前の好景気であった。日本は第一次世界大戦に参戦したが、国土が戦場になることもなく、その一方で、軍需品などの輸出が急増したためだ。株式市場も活況で、多くの成金を生んだ。

この大戦景気は第一次世界大戦の終了後、幕を閉じた。大戦からの過剰生産が仇となり、わが国は一九二〇年には戦後恐慌と呼ばれる大不況に陥った。株は暴落し、一九二〇年四月から七月の間に一六九行の銀行で取り付け騒ぎが起きた。一九二三年の関東大震災発生もあり、一九二〇年代のわが国は慢性的な不況に見舞われた。

一九二七年三月には、「東京渡辺銀行が破綻した」という片岡蔵相による失言が「昭和金融恐慌」を引き起こす。片岡失言直後から、多くの預金者が東京渡辺銀行に殺到し、取り付け騒ぎが起きた。これにより金融不安が高まり、関東を中心に取り付け騒ぎが相次いだ。翌四月には当時の大財閥であった鈴木商店が倒産、台湾銀行や十五銀行などの信用力の高い銀行も休業に追い込まれるなど、恐慌の嵐が吹き荒れた。

昭和金融恐慌は高橋是清が蔵相に就任すると、終息した。高橋は三週間の支払い猶予措置、大量に発行した片面印刷の二〇〇円札を銀行の店頭に積み上げるなどの対策を迅速に行ない、預金者を安心させたのだ。こうして、日本経済はなんとか落ち着きを取り戻したものの、しょせんは嵐の前の静けさにすぎなかった。「世界恐慌」という危機の本番は刻々と近づいていたのである。

一九二〇年代のアメリカの繁栄と過熱する投機バブル

大戦景気の反動による戦後恐慌に始まり、震災恐慌、昭和金融恐慌など次々と襲いかかる大不況に喘いでいた日本とは対照的に、一九二〇年代のアメリカは空前の繁栄を謳歌していた。イギリスを始め、第一次世界大戦により疲弊したヨーロッパ各国に対し、軍需品の輸出で莫大な利益を上げたアメリカは対外債務を一掃し、世界最大の債権国へと上りつめた。

株や不動産への投資熱も高まった。不動産ではモータリゼーションによる行動半径の広がりを背景に、一年を通じて温暖な気候のフロリダが注目され、急速に開発が進んだ。フロリダ人気が高まり、人口が急増した。それに比例して地価が上昇すると、投機ブームに一気に火がついた。一日に五回も転売され、そのたびに値段が上がるなどという異常な例もあったという。当時、フロリダの土地は実際の取引価格の一〇％程度の資金で契約できたことも、投機に拍車をかけた。一九二六年に入ると、地価の高騰には次第にブレーキがかかったが、多くの人々はフロリダの発展と地価のさらなる上昇を信じて疑わなかった。

ところがその後、ほどなくしてフロリダを猛烈なハリケーンが襲う。多くの人々が犠牲になり、家を失い、町は壊滅的な被害を受けた。この結果、フロリダの不動産はすっかり売れなくなり、不動産価格は瞬く間に暴落した。フロリダの住宅価格はピーク時の九〇％近く下落し、この投機に参加した人々は死ぬ目に遭ったが、アメリカ経済全体への影響は比較的軽微であった。そのため、多くの人々の投機熱が冷めることはなかった。彼らは新たな投機の対象として株式に注目し、投機の舞台は株式市場へと移っていった。

一九二〇年代前半のニューヨークダウの安値は、一九二一年八月二四日に付けた六三・九ドルである。ダウはそこを起点として上昇局面に入り、翌一九二二年には一〇〇ドルを超えた。それから一九二四年頃までは値動きは比較的落ち着いていたが、その後はほぼ一貫して上昇し続け、一九二九年九月三日には三八一・二ドルの最高値を記録した。一九二〇年代のアメリカの繁栄を象徴するように、ダウは約八年間で約六倍もの上昇を見せたのである。

当時の株式市場では信用取引が急膨張した。わずかな証拠金さえ用意すれば、その何倍もの取引ができた。つまり、チューリップ・バブルやフロリダの不動産バブルの際にも見られたように、借金をして身の丈を超える取引ができたわけである。

株価暴落の数週間前に、経済学者のアーヴィング・フィッシャーが「株価は、恒久的に高い高原のようなものに到達した」と述べたように、大多数の人々はアメリカ経済の「永遠の繁栄」と株価の上昇を信じて疑わなかった。

しかし、人々の希望的観測は裏切られた。一九二九年一〇月二四日、ダウはついに暴落を開始した。大きく乱高下をくり返しながら下落を続け、最終的には一九三二年七月八日に四一ドルまで下落した。最高値からの下落率は八九％に達し、三年足らずで一〇分の一近くになるという大暴落であった。

世界恐慌時に何が起きたのか

フーバー大統領は「好景気はもうそこまで来ている」と繰り返し、銀行の救済や流動性の供給などの対策を取らなかったこともあり、恐慌はより深刻なものになった。信用収縮が発生し、銀行では取り付け騒ぎが相次いだ。閉鎖された銀行は一万行にのぼり、一九三〇年から一九三三年までの間に九〇〇〇行を超える銀行が破綻した。

企業の倒産が増え、失業者は一二〇〇万人を超えた。一九二九年に三％程度だった失業率は一九三三年には二五％程度まで悪化した。四人に一人が失業していたわけだ。

フルタイムで働く労働者は減り、パートタイム労働者が増えた。大企業の中には、全従業員がパートタイム労働者になったところさえあった。それでも、就業している人は恵まれていた。収入は大幅に減ったが、一方で食料などの生活必需品の価格も下落したため、生活コストを抑えることができ、生活水準の低下はある程度緩和された。

対照的に、失業者の生活はみるみる厳しくなった。貯金を取り崩し、それも底をつくと、生活は一気に行き詰まった。融資返済ができなくなり、自宅を失う人も多く、ホームレスが増加した。空腹のために気を失い、倒れる人も珍しくなかったという。

当時の中流層が恐慌により転落する様子を生々しく記述した史料があるので、一部紹介しよう。

二年前、私は住み心地のよい、安定した生活を送っていた。夫は名の通った楽団《オーケストラ》で良い職《ポジション》を得ていたし、私は、大勢の将来性のある生徒たちにピアノを教えていた。しかし、夫の楽団が解散してから、私たちの生活は急速に下り坂を滑り降りていった。夫は、ほかの楽団でも仕事が得られなかった。私のクラスもしだいに数が減っていった。今

や預金に頼って生活するほかはなかった。

一九三三年初夏、私は八ヵ月の身重であったが、アパートの月額家賃一二ドルを支払うともう一文も残らなかった。そのアパートたるや、こんなものが本当にあるのかと思うほどひどかった。最低の条件ともいえる暖房、風呂桶《バスタブ》、採光、給湯さえも欠いていた。鼠や南京虫も横行した。……天井は雨漏りし、それがあまりひどくなってきたので、雨が降るたびに、水が溢れないよう、部屋のそこかしこにバケツを置かなければならなかった。……

だが、有り金の最後を家賃に払い、食費はどうなるのであろう。貸してくれない金を求め奔走した。夫は習性で、職が得られないのに職を求めては歩き、仕事が得られないといっては、自分を責めた。そのほかには、隣人に奨められ、近くの食糧品店《グロサリー・ストア》に、つけ勘定を頼んだ。緊急救済局への願い出は、絶望のなかでの最後の方法であった。

（大下尚一・有賀貞・志邨晃佑・平野孝 編『史料が語るアメリカ』より）

恐慌はかくも恐ろしい。人並みあるいはそれ以上の生活を送ってきた人を、わずか二年でこれほどまでに困窮させるのだ。経済的な貧困に加え、人間の尊厳をも踏みにじられる体験は、屈辱以外の何ものでもなかったに違いない。

世界恐慌の荒波は、昭和金融恐慌直後の言わば病み上がりのわが国にも容赦なく襲いかかった。輸出は大きく落ち込み、主要な輸出品であった農産物の価格は暴落した。企業倒産が相次ぎ、失業者が急増した。大卒者でさえ就職が難しく、当時公開された日本映画『大学は出たけれど』のタイトルが流行語になった。

特に、農村の打撃は壊滅的であった。生糸、米を始め農産物価格の暴落により農家の収入は激減した。さらに、都会に働きに出ていた多くの農村出身者が失業し、農村に帰ってきた。しかし、彼らを受け入れる十分な仕事があるはずもなく、農家の経済をますます圧迫した。多くの農家が極貧、飢餓に苦しみ、わずかな現金と引き換えに娘を身売りせざるを得ない農家もあった。

当時の政府の政策ミスもわが国の状況を悪化させた。井上準之助蔵相が実施した緊縮財政、金輸出解禁はデフレに拍車をかけた。一九二九年のニューヨーク株の暴落当初、世界の多くの指導者と同様井上もまた、この暴落が世界恐慌につながるとは考えていなかった。

「昭和恐慌」と呼ばれるこの恐慌を鎮めたのも高橋是清であった。一九三一年、四度目の蔵相に就任した高橋は、それまでのデフレ政策を一八〇度転換した。金輸出を禁止し、円相場を下落させ、国債を増発するなどの積極財政を採った。わが国の輸出は急増し、景気は回復、他の主要国に先駆けて恐慌から脱した。

一〇〇年に一度の金融危機

ほんの一〇年ほど前までは、恐慌と言えば一九二九年のニューヨーク株暴落に端を発した世界恐慌をイメージする人が多かっただろう。多くの人にとって、恐慌は歴史の授業で習った遠い過去の話に過ぎなかった。実感などあるはずがない。しかし、二〇〇八年のリーマン・ショックにともなう市場の暴落、その後の世界的大不況は世界を恐慌の瀬戸際へと追い込んだ。

株式は軒並み大暴落した。二〇〇八年の主要市場の下落率を見ると、アメリカが三六％、日本が四二・一％に達した。特に新興国市場の下落がきつく、ロシアでは下落率が七一・九％を記録した。世界の株式時価総額は二九兆ドル強減少し、二〇〇八年末に三一兆ドル強となった。約三〇兆ドルもの巨額の資産が、文字通り泡となって消滅したのである。

商品市場も大きく下げ、同年七月に一バレル＝一四七ドルの最高値を付けた原油価格は、一二月には三〇ドル台まで下落した。わずか半年足らずで四分の一以下になるという大暴落となった。

資産バブルは爆発的に弾け、多くの資産価格が、まるで巨大津波のようなスピードと破壊力をもって暴落していった。逆資産効果もあり、消費は一気に冷え込み、物価は下落していった。企業は人件費を抑えるため派遣社員やアルバイトなどの非正規雇用を増やし、正規雇用が減ったこともあり、労働者の平均給与は大きく減少した。「派遣切り」と呼ばれる派遣社員の解雇も横行した。容赦のないリストラの嵐が吹き荒れ、失業者が増加した。世界は同時不況に突入していった。

この金融危機により、無数の投資家が死ぬ目に遭った。当時は株、不動産、商品相場などに加え、ＦＸ取引が大ブームとなった。会社員や学生、主婦に至るまで多くの人々がＦＸに参加した。投資についてまったくの初心者であっても、インターネットによる取引の方法を一通り理解すれば誰でも参加できる手軽さも大いに受けた。参加者は為替や金融に関する知識がなくても、ただ「円売り・外貨買い」の取引をすれば容易に儲かった。スワップポイントと呼ばれる金利差収入が得られる上、それまでの円安局面で為替差益も得られたからだ。株式投資のようにわざわざ信用取引などしなくても、簡単にレバレッジをかけられたことも人気を博した。自己資金の数百倍ものレバレッジをかけて取引する個人も珍しくなかった。

多くのＦＸ会社は、デモトレードを用意している。まずはデモトレードでお金を使わずに練習し、それから実際の取引をするという仕組みだ。デモトレードで短期間で資金を何十倍にも殖やし手応えを感じた人の中には、会社を辞め、それまでコツコツ貯めてきた貯金に加え、退職金、さらには自宅を担保に借金までして専業トレーダーに転身したものの、結局、大損して転落した人も少なくない。資金をすべて失い、住む家を失い、離婚により家族も失い、残ったのは借金だけである。リーマン・ショック以降、ネット上にはこの類の書き込みが溢れた。ネット上で、自殺予告をした後、自ら命を絶つ人もいた。

来るべき恐慌を生き残るために

チューリップ暴落からリーマン・ショックまで様々な資産の高騰とその後の大暴落、恐慌や大不況を振り返ったが、それらから得られる貴重な教訓をまとめてみよう。

■資産を現金で保有する

恐慌や大不況時には多くの物価が下落する。つまり、デフレになるわけだ。そのような状況で何よりも強みを発揮するのは現金である。お金がたくさんある人にとっては、多くのモノが安く買えるデフレ時代はむしろ天国とも言えるだろう。お金がない人は今からでも生活費を切り詰め、少しでも多くの現金を蓄えておくことだ。

貯めたお金は当面は、銀行に預けておけばよい。信用力の高い複数の銀行に分散しておけば安心だ。とりあえずは定期預金でよいが、状況が悪化してきたら、普通預金に移しておく方がよい。何かコトが起きた時に、すぐに引き出せるようにするのだ。さらに状況が怪しくなれば、銀行ではなく自宅などに現金を保管することも考えるべきだ。ただし治安のかなりの悪化が予想されるから、セキュリティや頑丈な金庫を利用するなど、防犯には十分注意しよう。

■株、不動産、ＦＸなどの投資をしない

恐慌時には多くの資産価格が大きく下がるわけだから、基本的に投資は避けるべきだ。株や不動産などを持っているなら、恐慌になる前に売り、現金や預金にしておくことだ。恐慌前のバブル期であれば比較的高値で売れる可能性もある。しかし、恐慌に一度突入してしまうと市場は売り一色になるから、とてつもない安値で売らざるを得なくなる。特に不動産は、物件によっては買い手がまったくつかなくなる可能性もあり要注意だ。

チューリップ・バブルの先物取引、一九二〇年代のニューヨーク株式市場の信用取引、そして現在のＦＸ取引など、レバレッジをかける取引は危険極まりない。先物、信用、ＦＸは「売り」から取引を始めることもできる。「売り」から始めた場合、相場が下がれば儲かるわけだ。恐慌時には「買い」から始めた投資家が壊滅的な打撃を受けるわけだから、理屈上は「売り」から取引すれば恐慌時に大儲けすることも可能だ。

しかし、それでも絶対にやめた方がよい。恐慌は言うなれば経済的大混乱で

ある。相場は激しく乱高下するし、資金決済ができなくなったり、流動性が異常に低下したり、取引所が閉鎖されるなどの事態も起こりうる。平時と違い、自由に売買できるとは限らないのだ。

恐慌時にはとにかく投資を避け、現金を多く持つことが鉄則だ。

■借金をしない

これも当然の話だ。恐慌のようなデフレ時には現金の価値が高まる。現金を持っている人が強く、現金のない人は弱い。ましてや借金のある人は、価値の高まった現金を返さなければいけないわけで当然厳しくなる。

日常の生活費はもちろん、自動車、家具、家電などの高額商品についても、なるべく現金で買うようにしたい。住宅の購入も慎重に考えた方がよい。住宅を現金でポンと買える人は一部の資産家だけだ。たいていの人は住宅ローンを組むことになる。しかし、これもある種のレバレッジ取引なのである。たとえば、自己資金が一〇〇〇万円で、四〇〇〇万円の借り入れをして五〇〇〇万円の物件を購入するのであれば、自己資金に対して五倍のレバレッジがかかっていることになる。

「マイホームは投資とは違う。住み続けるのだから関係ない」という反論が聞こえてきそうだが、甘い。恐慌時には、多くの労働者の賃金が下がる、失業する可能性も高まる。月々のローンが払えなくなったらどうなるか？　その住宅を売らざるを得なくなる。だが、デフレ時には不動産価格も下落する。買値よりずっと安い価格でしか売れなかったら、家を売ってもローンの残債を払い切れず借金が残る可能性もある。「低金利の今がチャンス！」「家賃よりも安い月々の返済！」といったセールストークに乗って安易に住宅ローンを組むと、恐慌時には死ぬ目に遭いかねない。

■失業を避ける

これまで恐慌時には多くの労働者が職を失った。失業を免れた人も多くの場合、賃金は下がった。ただ、当然ながら、職がある人はたとえ賃金が大幅に減ったとしても、失業した人よりははるかにマシであった。多少なりとも収入さえあれば、なんとか生活する目処が立つ。特に、恐慌時には物価が下落するため、生活コストを抑えやすい。運よく賃金が下がらなかったら、生活水準は逆に上がるわけだ。

しかし、失業して収入がゼロになると、一気に窮地に立たされる。求人は激減し、再就職も困難になる。恐慌時には転職や独立は基本的には避けた方がよいだろう。リストラの対象にならないようスキルを磨き、会社にとって必要な人材になるよう努めるべきだ。

それでも、恐慌時には多くの人が失業するわけだから、自分が失業する可能性も想定しておくべきだ。すでに述べたように、なるべく多くの現金を持ち、投資を控え、借金をしないことが大切になる。簡単に言えば、お金を失わないようにし、十分なお金を持つということだ。

■最悪の事態を想定しつつ楽観的に生きる

リスク管理は最悪を想定するのが基本だ。恐慌の歴史に学び、起こりうる最悪の事態を想定し、対策を打つ。あとはじたばたせず、楽観的にどっしり構えることだ。荒れ狂う恐慌の嵐の中、仕事、お金、家族、友人、健康など失うものも少なくないかもしれない。ただ、あらかじめ考え、手を打っていた人は、まったく手を打たなかった人に比べればはるかに浅い傷で済むだろう。とにかく悲観してはいけない。永遠に続く恐慌というものがないのは歴史が証明している。たとえ厳しい状況であっても、決して希望を失わず、生き続けさえすれば、いずれ恐慌という嵐は過ぎ去り、展望は開けるはずだ。

第六章 サバイバルの方策

平穏な日々はもうすぐ終わる

サブプライム問題に端を発した二〇〇八年の金融危機では、それまでバブル的な投機に励んでいた個人投資家や借金を抱えた人が一瞬で地獄に堕ち、たとえ大企業や金融機関であっても財務内容が悪ければ破綻の危機に瀕した。さらにはギリシャやスペインのように、財務内容が悪ければ国家ですら火を噴いた。

先進諸国の政府はかつてない金融緩和、財政出動でなりふり構わぬ火消しに回り、欧州、日本は現在でも金融緩和依存から抜け出せていない。しかし、振り返ってみればこの数年、ギリシャ問題や米債券デフォルト問題、中国の株式崩壊など様々な「危機的状況」が発生したことから比べると、世界経済は不思議なほどに穏やかだった。

しかし、前章までに見てきた通り、この「異常な静けさ」はもはや終わりが近づいている。中国を筆頭に、新興各国は政府、企業、家計が莫大な債務を抱え、原油安による歳入減やデフレも手伝ってもはや爆発寸前の状態である。先進国では、米国がいち早く金融緩和から脱却したものの、日、欧ではいまだに「平常運転」には程遠い状態だ。さらに経済のサイクルの視点で見れば明らかな通り、世界経済は一〇年に一度程度の頻度で大変動を起こしている。すると、現在のような世界経済の平穏はどう楽天的に見てもあと一、二年しか持たないことになる。

前回の危機では、国家が財政・金融政策で防波堤を築いてなんとか最悪の事態を食い止めたが、次に訪れる危機では防波堤になりうるものはもはや存在しない。間違いなく前回以上のすさまじい大恐慌パニックにのみ込まれ、ほとんどの人々は大切な財産をあらかた失うことになるだろう。

次なる恐慌に備えよ！

さて、経済危機が目前に迫っている今、私たちになすすべはあるのだろうか。

書店に行けば、多くの経済評論家やジャーナリストが危機に警鐘を鳴らし、独自の予測を披露する本を目にすることができる。しかし、解決策や対応策にまで言及した本には残念ながらまずお目にかかることはない。

では、世界恐慌は「明日地球に巨大隕石が堕ちる」のと同じで、私たちには逃げ場も打つ手もないものなのだろうか。いや、さにあらず。巨大隕石と違って、世界恐慌によって「人間が全滅した」などという話は古今東西どこにもない。つまり、恐慌を生き抜いた人たちはいるということだ。しかも、それだけではない。歴史を紐解けばわかることだが、恐慌を経て大資産家に成り上がった人すらいるのだ。これこそが重要な点である。恐慌とは対処可能な現象、もっと言えばそれを逆手にチャンスを掴むことすらできる現象ということなのだ。

そこでこの章では、来たるべき世界恐慌を生き抜くために何を実践すべきか、サバイバルの方策を示したい。私は「日本国破産」について長年研究し、国家破産を生き抜く方策も紹介しているが、本書は「恐慌」がテーマであるので、恐慌対策に特化して話していく。実は、国家破産対策は恐慌対策と共通する部分もあるが、真逆の手を打たなければいけない部分もある。国家破産対策についても関心がある方は、拙書『国債暴落サバイバル読本』『二〇一七年の衝撃〈下〉』（第二海援隊刊）を参考にしていただきたい。

具体的な方策に移る前に、一点だけご注意いただきたいことがある。私は「超」がつくほどの実践主義者で、物事の理屈を単に理解するだけ（知識）ではほとんど意味がないと考えている。本当に大事なことは、最終的に自分で実践し、その結果を自分の手にすること（知恵）だ。これから紹介する方策は、まさにそういう性質のものである。だから読者の皆さんにも、ここからはそのことを心して読み進んでいただきたい。

単に読み流す（知識を得る）のではなく、この本がボロボロになるまで何度でもしっかりと読み返し、必要なところには書き込み、ページを切り取ってトイレなど毎日目にするところに貼って、そしてできることから行動に移して欲しい。そうして自身なりの対策を実践する（知恵を得る）ことで、あなたはこれからの時代を生き抜くとても大事なスキルを身に着けることができるだろう。ぜひとも、今この瞬間からあなたにも『実践主義者』になっていただきたい。

世界恐慌対策：心得編

具体的な行動の前に、まずこれからの激動の時代を生き抜くために必要な心得をお伝えしたい。

心得一：生活習慣を見直す

これから訪れるのは、今までの「ぬるま湯の平和」からは想像もつかない「激動の時代」である。平和な時代に当たり前に通用した常識や生活習慣は、まず間違いなく通用しなくなると考えた方がいい。新しい時代には新しい常識が必要なのだ。

新しい常識を身につけるのに良い方法がある。「生活習慣の見直し」だ。人の常識は、往々にして「生活習慣の積み重ね」によってできている。いきなり常識を疑いそれを変えるのは至難だが、生活習慣は日々の心がけ一つで変えられる。それが新たな常識につながっていくのだ。

恐慌と激動の時代に通用する常識とはどのようなものか。それは「ケチこそ美徳」というものだ。恐慌時にはすさまじい不況となり、誰もが財布の紐を固く締めるようになる。何の準備もなくいきなりそういう時代に突入すると、精神的にも日常生活的にもすさまじいストレスがかかる。そこで、あらかじめ「ケチ」を生活習慣に組み込んでおくのだ。

たとえば、今まで捨てていた野菜の切れはしも余さず使って食費を抑える、持っている車の燃費や維持費と利用目的を見直すといったことから始めて、なるべくモノを持たない、モノを買う時はよくよく吟味する、家計簿をつけるといったことをしっかり行なうのも一手だ。最近では、「ミニマリスト」というモノを持たない生き方にも注目が集まっている。不要なものまで持ち過ぎている人は、往々にして同じようなものをまた買ってしまったり、衝動買いをしてしまったりということになりやすい。自分にとって本当に必要なもの以外は持たない、という習慣をつけると、モノを買う時にも慎重になり、無駄遣いも減るものだ。

また、使えるものは徹底的に使い切ることも重要だ。服にしろ家電にしろ、流行ものにはその目新しさからつい手を伸ばしてしまいがちだが、自分が厳選したお気に入りのものをしっかり使い切る方が、結果的に安上がりでムダにならないということも多い。このように、「必要なものだけ持つ」「厳選したものを使い続ける」という考え方をすることも、「ケチ」を実践する上では有用だ。

ただし、財を蓄えることが目的となって、とにかく何でも切り詰めてはいけない。「ケチ」とは決して守銭奴のことではない。良好な人間関係を維持・拡大したり、自分の成長に投資したり、有益な情報のため、サバイバルのため、志や生きる目的のためには、大いにお金を使うべきだ。

お金はとても便利な道具だが、便利過ぎるがゆえにともすると「お金」自体が目的になりやすい。あなたの人生は「お金」のためにあるのではない。そのことを、よくよく注意して欲しい。

心得二：志を持て

突然だが、あなたには何が何でも成し遂げたい志はあるだろうか。大恐慌サバイバルとは一見何の関係もないように思われるかもしれないが、実はこの『志』は激動の時代を生き抜くためにぜひとも必要な原動力となる。今の日本の平和な日々をなんとなくボンヤリ過ごしていては、ある日突然訪れる危機的状況には対応できない。生活サイクルが悪い意味で激変し、暗いニュースがはびこり、治安が悪化、身近に血なまぐさい出来事が起き、知り合いに気が触れて死ぬ人が出てくるようになると、誰でも精神的な極限状況に追いやられる。

加えて自分の経済状況も厳しくなれば、いよいよ生きることに苦しくなり、やがて生きることを諦めるようになる。そうならないためには、「この苦境をなんとしても生き抜いて、わが志を果たしてやる！」という強い気持ちがどうしても必要だ。

子供がいる人は「この子を立派に育て、自立するまでを見届ける」とか、夫婦であれば「かけがえのない伴侶と最期まで添い遂げる」というものでもよいが、できるならば自分が一生をかけて成し遂げられるかどうか、というレベルの高い志を掲げて欲しい。私の場合、数年前に世界中の不遇な子供たちに幸せに生きて行けるよう支援の手を差し伸べる組織を立ち上げた。ユニセフなどの世界的組織に比べれば規模的にも経済的にも小さいが、それでも世界中の将来ある子供たちを支えようという志ある人たちにボランティアや寄付の形で参加してもらい、ウクライナ、福島、ネパールで不遇を耐えて必死に生きている人たちを支える活動を行なっている。

こうした活動で重要なことは、「とにかく自分が動き、他人を動かす」こと、そして「なにがなんでもやり続ける」ことだ。金額の多寡や知名度、名誉といったことは、実はあまり重要ではない。また、こうした取り組みをするとすぐに「売名行為」とか「何か（儲けのカラクリなどの？）ウラがある」とか、とかく足を引っ張る輩が出てくるが、私はそのような雑音をまったく意に介さない。

問題は自分がその志に打ち込めるかどうかであって、何もせずに人のやることに口だけ出すような輩のことを気にするのは、いろいろな意味でムダである。私がこの活動をやり続けることで、子供たちの未来が開け、その中から将来の日本に、世界に貢献する立派な人材が一人でも多く出てきて欲しい。その一心で、私の残りの人生を投入するつもりだ。

こうした取り組みは、お金を持っているかどうか、社会的に高い立場にあるかどうか、若いか年寄りかとは何の関係もなく、誰でもいつからでもできることだ。ぜひ読者の皆さんも、残された人生を使い切るご自身なりの「志」を立て、取り組んでいただきたい。

心得三：歴史に学べ

「歴史は繰り返す」という。まったく同じ通りのことは起こらないが、よく似たことはたびたび起きている。経済の循環も、新たな覇権国家が勃興し古い覇権国が没落することも、大局的に見れば歴史の繰り返しである。そして恐慌もまた然りである。だから、こうした修羅場の時代を生き抜くための勘所もまたほとんど一緒なのだ。

名だたる経営者や政治家が孫子の「兵法」を愛読するのもそれと同じことだ。人の世を生き抜くための普遍的な知恵が詰まっているからだ。逆に言えば、時を経ても人間の営みの本質的な部分は変化していない、ともいえる。そうした先人たちの貴重な知恵を活用しない手はない。危機的状況に人はどう反応し、生き抜くのか。それを知る手がかりは、歴史の中に豊富に転がっている。どこから学べばいいのかわからない、という人がいるが、自分がちょっとでも関心を持てるところから始めればよい。司馬遼太郎で幕末の人々の生き様をも学ぶもよし、一九二九年の世界恐慌から入るもよし。激動するいくつかの時代、いくつかの場所の歴史を知ると、おのずとその時代を生き抜いた人々に共通することが見えてくる。それがそのまま、私たちがこれからの激動の時代を生きるための「知恵」になるのだ。

心得四：最悪を考え最善の準備を

恐慌によってもたらされるのは、まずは「財産の危機」、そしてそれに続く「生存の危機」だ。財産と生命にどのような危機がもたらされうるのか、最悪の事態を想定すべきだ。そのツメが甘いと、予想外の事態に足をすくわれ、せっかくの対策も何の意味もなさなくなる。そして、最悪の事態をきちんと想定できたら、その最悪の状況でも財産、生命を守るためにどんな対策が必要かを考え、実践に移すことだ。危機的状況を考えるのはつらい作業だが、そのつらさから目を背けても事態は決して良くならない。しっかり対策を練り、行動に移せば、不安やつらさにも対処ができる。ぜひとも一刻も早く考え、行動に移して欲しい。

また、「こんな最悪の時代を生きるなんて、なんて不運なんだろう」という後ろ向き考え方をする人がいるが、これはいただけない。激動の時代とは、平時には想像できないような「一発逆転がありうる時代」でもある。もちろん、そのチャンスをつかめるのはごく一握りの人だろう。しかし、己の不運を嘆くより「この危機も利用して、つかめるチャンスは何でも掴もう」という気構えを持つ方がよほど健全である。ただし、チャンスをつかむにはそれなりの工夫や努力が必要だ。情報網を張り巡らし、常に行動できるよう身体的、経済的、精神的な準備をしておかなければならない。そうしたことを可能にするためにも、「最悪を想定して最善の準備」をすることが必須なのだ。

心得五：この世はすべて「早い者勝ち」

読者の皆さんの多くは、「ノアの方舟」という話をご存知だろう。二〇一四年にはハリウッド映画にもなった、旧約聖書の「創世記」に書かれている逸話だ。非常に簡単に言うとこんな話である。

人類は繁栄を謳歌する中で次第に堕落し始め、恥じることなく悪行を行なうようにもなった。その様を見た神は怒り、大洪水を起こして人類を滅ぼそうと考えるが、とても真面目に働くノアに人類への希望を見いだし、彼とその家族だけは助けようと考えた。神がノアだけに大洪水が来ることを告げると、ノアはそのお告げに従い方舟作りを始め、そこに動物を乗せ始めた。人々は「ノアは気が狂った」と蔑み、冷たい視線を投げかけるが、いよいよお告げ通り大洪水が起きると、彼を蔑んだ人々は全滅し、方舟に乗ったノアと動物たちだけが生き残ることができた。

この話はまさに世界恐慌、そして国家破産への対策にピッタリと当てはまる逸話だ。経済的な繁栄の中で人々が堕落し、恐慌、国家破産という大惨事を迎える。ほとんどの人たちが瀕死のダメージを受ける中、ある種の対策をしていた一部の人たちは無傷で生き残る……。

さて、この逸話で一番重要なことは何だろうか。要点を挙げるとこの三つだ。

要点1：大洪水はいつ来るかわからない

要点2：予兆が現れてから準備しても手遅れ

要点3：方舟に乗れる人はごく少数

恐慌対策もまったく同じである。

ポイント1：恐慌はいつ来るかわからない→早く準備した方がいい
ポイント2：恐慌の予兆が現れたらもう手遅れ→早く準備した方がいい
ポイント3：有効な方法は限られており、全員はできない→早い者勝ち！

要するに、早くからしっかりと取り組んだものだけが生き残りのチャンスを手にすることができるということだ。この章の始めに「今この瞬間からあなたも『実践主義者』になっていただきたい」と言ったのはそのためだ。あなたが乗るべき「ノアの方舟」には、もたもたしていると別の人が乗ってしまうかもしれない。そうなってからではもう手遅れなのである。

心得番外：「ちょっと変な人」で行こう！

ノアの方舟の逸話には、実はもう一つ参考となるポイントがある。ノアは、人々の侮蔑を意に介さず、黙々と船を造り続けた。周囲から見れば、陸地に巨大な船を作っているのだから、「気がふれている」と考えても当然である。

実は、恐慌対策や国家破産対策もこれと同じなのだ。試しに、知り合いの何

世界恐慌対策　心得編

心得その1 生活習慣を見直す
～良い意味でケチになれ！～

心得その2 人生をかける志を持つ
～生きる目標を打ち立てよ！～

心得その3 歴史に学ぶ
～偉人の知恵を身につけよ！～

心得その4 最善の準備をする
～最悪に備えよ！～

心得その5 なるべく早く準備する
～この世はすべて早い者勝ち！～

心得番外 「ちょっと変な人」ぐらいでちょうどいい

※このページは切り取って、トイレなど目に付くところに貼り常に意識しよう

人かに「今、恐慌対策の勉強をしていて、近々行動に移すんだ」などと話せばすぐにわかる。一〇人のうち九人は「この人、大丈夫か？」と言ってくるだろう。口に出しては言わないかもしれない。だが、まず間違いなく「実は俺も始めていて」とか「興味があるから教えて欲しい」などという反応は示さない。日本という国は、庶民感覚では景気回復や豊かさをまったく実感できないものの、世界全体を見渡してみればまだまだ豊かで平和な恵まれた国である。そんな国で「天気のいい日に傘を差す」ような話を聞いて、「私も傘を差そうかな」などとは思わないものだ。

しかし、変な人と思われるから、と対策を打つことを諦めてはいけない。恐慌に思いっきり巻き込まれて、死ぬほど過酷な思いをするのはあなただ。そうなりたくなければ、とにかくなすべきことを黙々とやって欲しい。ごちゃごちゃ言われて煩わしくなりそうな相手には、何も言わないのも手だろう。

ここで一点アドバイスがある。自分にとって本当に大切な人には、「変な人」と思われても必ず一度は恐慌対策の重要性を話しておいた方がいいということだ。それはなぜか。実際に恐慌になって、その大切な人が死ぬほどの目に遭っているのに、自分が無傷で生き残っていることがバレてしまうと、ひどく恨みを買う可能性が高いからだ。一度でも言っておけば、「あの時アドバイスしたでしょう？」と言える。もちろん、口だけだと「言った、言わない」になるので、できれば形の残るものを渡した方がいい。自分でメモ書きを書いて渡すのが良いが、私の本を一冊余計に買って、その人にプレゼントするのも一手だ。

とにかく、「変な人」と思われることを恐れてはいけない。最後に笑うのは、きちんと準備した人だけである。

世界恐慌対策：基本編

前章まで恐慌について深く掘り下げてみてきたが、今一度世界恐慌によってどんな変化が私たちにもたらされるのかを整理してみよう。何が起こるかを知れば、どう対応するかもおのずと見えてくるからだ。

恐慌とは、順調であった景気が突然急激に後退する現象だ。具体的には、株価の暴落、失業者の激増、滞貨（商品が売れずに倉庫に積み上がること）の増大、企業の倒産、銀行の取り付けなどが起き、経済活動が著しく低下して社会に大混乱をもたらす（拙書『二〇一七年の衝撃』〈下〉（第二海援隊刊）より）。現代では、経済は著しくグローバル化が進んでおり、一国で完結することはない。経済的影響力のある国が深刻な恐慌に陥れば、それは即座に世界中に広がっていく。世界恐慌である。一度世界恐慌が起きれば、もう逃げ場はない。どうしてもその影響を避けたければ、世捨て人にでもなって完全自給自足の生活をする他ない。

さて、恐慌によるもっとも顕著な現象は、なんといっても「物価の下落」である。物価の下落には株や不動産の暴落も含まれる。別の言い方をすると、お金の価値の方がモノの価値に勝るということだ。したがって、「恐慌時にはモノを持たずお金を持っていた方がいい」（基本その一）。この基本はとても重要なので、実践編でもう少し詳しく解説していく。

恐慌になると、モノが売れなくなる。会社は利益を生み出せなくなる。従業員に給料を支払うのも厳しくなる。給料を減らす、あるいは人員整理して人件費を減らすようになる。仕事を失ったら最後、再就職は絶望的な難しさになる。あなたがサラリーマンならば、「今の仕事を失わないためにあらゆる手立てを打つべきだ」（基本その二）。他の人に真似ができない技能や知識を身に着け、あるいは真面目に仕事に取り組むというだけでは心もとない。雇用主や上司にしっかり気に入られる、同僚や部下から厚い信望を得る、といった人間関係や心情面も含めて、しっかりと対策を行なって欲しい。

また、あなたが会社の経営者なら、来たるべき恐慌に備えて会社を守る万全の対策を打って欲しい。内部留保を厚くする、楽観的な設備投資を見直すといった基本以外にも、「恐慌になった時にこそやるべき事業、仕事を今から検討することが重要だ」（基本その三）。どんなに深刻な恐慌でも、さらに言えば国家破産の時でさえ、人々は何らかの形で経済活動をする。社会・経済の急激な変化で需要は大きく様変わりするが、やりようによってはその新たな需要を掴み、今ある事業とは違う稼ぎ方ができるということだ。

借金は要注意だ。今から新たに借金をしようと考えている人は、それが自動車ローンや住宅ローンであれ、あるいは会社の設備投資であれ、目的に関わらずよほど返済のアテがしっかりしているのでなければやめた方がいい。もし、減給されたり、失業したり、会社が倒産すればいきなり返済が滞り、借金地獄に陥ることになる。

ただし、収入がなくなっても一括返済できるほどの蓄えがあるのなら、考えてもよいだろう。また、「もしすでに借金をしている場合、蓄えを切り崩して即座に返済しない方がいい」（基本その四）。後述するが、世界中を見渡せば恐慌時にも力を発揮する運用手法というものは存在する。こうしたものをうまく活用することで、蓄えを殖やすということも可能だ。借金は返してしまえばそれで終わりだが、手持ちの資産はやり方次第で有効に運用できる。工夫をしない手はない。

そして、これも極めて基本的なことだが、恐慌になれば治安は著しく悪化す

基本五か条

基本その１ モノは持たない、現金を持て

基本その２ 失業者になるな

基本その３ 恐慌でも食べていける仕事を探せ

基本その４ 借金は極力するな、すでにある場合は無理に返すな

基本その５ 常に危機意識を持て！

※このページは切り取って、トイレなど目に付くところに貼り常に意識しよう

る。現在の日本は世界にも類を見ない非常に治安の良い国だ。私たちはその生活を当たり前と思っているし、日本人は総じて穏やかだから凶悪犯罪が日常化することなど想像できない、と考える人は圧倒的に多い。

しかし、それは日本が今のところは豊かだからであって、倒産や失業によって貧困が蔓延すれば、治安が一気に悪化することは間違いない。ちょっとしたいざこざで殺し合いになったり、ちょっと油断した隙に空き巣や強盗に入られたりということが日常になる。最近は「草食系男子」という言葉もすっかり定着したが、そんなひ弱で平和ボケした人間が恐慌に巻き込まれたら、すぐさま生命の危機に瀕するだろう。同じ「草食」でもサバンナに暮らす草食動物のように、「常に危機意識を高く持ち、犯罪に巻き込まれないよう細心の注意を払うべきだ」（基本その五）。外を出歩く時の格好や金品の持ち方、家や会社、学校など自分の生活圏で降りかかる身の危険についてしっかりと考え、どうそれを回避するかシミュレーションすることが重要だ。

世界恐慌対策：実践編

さて、ここからはいよいよ具体的な対策について見ていこう。大恐慌時代を乗り切る最低限の実践項目だから心して読み、そして実践に移して欲しい。

実践その一：信頼できる情報源を持ち、判断力を鍛えよ

情報がいかに重要であるかは、古くは「孫子の兵法」にも書かれ、歴史上に名を残す大人物の多くが、また現代でも様々な書物が言及している通りである。恐慌対策においてもまったくその通りで、まず情報武装しなければ何も始まらない。

しかし、インターネットやテレビなどで情報が溢れかえる現代は、逆に本当の意味での情報収集が極めて難しくなっている。パソコンやスマートフォンで検索すれば、知りたい答えは何でも出てくるし、テレビを付ければ私たちがい

やでも興味をそそられるような過剰な演出で大量の情報が溢れ出てくる。それらの情報は一見有用だが、実はそのほとんどはあまり使い物にならない。特に恐慌対策という特殊な話では、本当に重要なポイントをきちんと押さえた情報は皆無と言っていい状況だ。

情報も、製品やサービスと同様に「品質」がある。そして品質なりの値段がついている。新聞は「参考情報」として足しになるが、その値段は月三、四〇〇〇円程度だ。これがネットやテレビから溢れてくる情報になるとタダ同然で手に入るが、それは要するにその程度の情報だということだ。

だいたい誰が主体となってどのような目的で発信したかわからない、あるいは「品質」をどこまで確かめたのかもわからないような情報だから、値段がつかないのだ。営利企業が情報発信するのに、対価を得ないという道理はない。彼らが対価をどこからもらっているのか考えれば、情報の品質や目的がどの程度のものかもおのずと推し量ることができよう。

ネット上で個人が発信する情報は、それこそ玉石混淆も甚だしいし、情報の裏付けすら怪しいものが大量にある。同じネットでも、購読料を払うメールマガジンや会員制サイトなどの中には有用なものもある。しかし、ほとんど苦労せずにタダで入手できる情報は、本当に役立つ情報とは考えない方がよい。

もちろん、有料の情報がすべて有用であるとは限らない。情報を得ることもある種の「投資」であり、それなりに経験が必要だ。また、情報の「品質」を目利きできるだけの判断力を養うことも重要である。「新聞は参考程度になる」と言ったが、単に通読するだけではダメで、その情報から自分に役立つ要素を取り出し、行動に移せるようにならなければ意味がない。

そういう訓練をしていない人が、いきなりその域に達するのはかなり難しい。できればそういった経験が豊富な人に指南役についてもらい、アドバイスを受けるのが良いだろう。あるいは、私が主宰している会員制クラブ「ロイヤル資産クラブ」「自分年金クラブ」を活用していただくのも一考である。この二つのクラブでは、恐慌対策のみならず国家破産対策の助言を行なっており、またそうした情報判断力を養うための「情報品質の見分け方」についてもアドバイスを行なっている。ネット検索や新聞代から比べれば決して安い会費ではないが、恐慌対策に向けた情報武装にはもっとも近道の一つと自負している。巻末二七六ページに案内を載せているので参考いただきたい。

実践その二：財産を棚卸しする

自分がどんな財産を持っていて、それが恐慌にも耐えられるのかどうかを確かめなければ、対策は始まらない。一度もやったことがない方は、まず手始めに一万円単位（資産五〇〇〇万円以上の方は一〇万円単位）で自分の財産を書き出すことをお勧めする。どのように財産の状況をまとめたらよいか、イメージが湧かないという人もいるだろう。二三二〜二三三ページに資産管理表の例を挙げているので、参考にしていただきたい。

次に、この財産リストから外すべきものがあるかどうかを検討する。たとえば親の形見など、手放すことをまったく想定しておらず、仮に恐慌によって資産価値がゼロになっても持ち続けたいと思うものは、財産リストの中には入れない方がいい。私は、モノにこだわるのはナンセンスだと考える質だが、たとえば自分が幼少期を過ごし、先祖から代々引き継いだ家や山林はいくら金を積まれても手放したくない、という人もいるだろう。そうしたものは、市場価値の有無とは別にその人の宝物であり、もはや普通の財産ではない。

ただし、思い入れのある不動産を財産とみなさなくても良いのは、あくまで恐慌対策に限った話だ。国家破産対策においては、まったく別の考え方が必要となる。「思い入れ」などを斟酌していては致命的な事態を招きかねないため、もっと冷徹な判断をしなければならない。

実践その三：モノは持つな、現金を持て

基本編で触れた通り、恐慌時にはモノの値段が下がり、お金の価値が上がる。したがって、モノを持つのは厳禁だ。「実践その二」で財産の棚卸しが完了したら、次は持っている「モノ」をどう処理していくかを検討することだ。

ここでいう「モノ」には、株や不動産の他、骨董や美術品などの現物資産も

の　例

5	不動産（土地）	所在地	東京・港区	
		面積	120㎡	
		所有割合	100%	
		共有者	ナシ	
		円ベースでの評価額	18800万円	
6	不動産（建物）	所在地	東京・大田区	
		面積	100㎡	
		所有割合	100%	
		共有者	ナシ	
		円ベースでの評価額	3000万円	
7	借金・債務	借金した相手	みずほ	
		残額	2500万円	
		金利	2.3%	
		返済日	X年Y月Z日	
		保証人の有無	あり	

資　産　管　理　表

1	現金	通貨の種類	米ドル			
		保管場所	自宅			
		円ベースでの金額	500万円			
2	預貯金	預け入れの金融機関（支店）	みずほ			
		通貨の種類	円			
		口座番号（普通・定期）	00000XX			
		円ベースでの金額	XXXX万円			
		満期日	2016年３月			
3	有価証券	商品名	Ｂファンド			
		保管場所	自宅金庫（書類）			
		通貨の種類	豪ドル			
		保有口数	336			
		購入日	2012年６月			
		円ベースでの金額	1500万円			
		満期日	—			
4	その他動産	名称	ダイヤ			
		円ベースでの評価額	300万円			

含まれる。もし、どうしてもこういったものを持ち続けたいのであれば、恐慌が収束した時に資産価値が回復する見込みの高いものに限るべきだ。また、日本株や国内不動産の場合、恐慌に加えて日本国破産にも考慮が必要だ。恐慌と国家破産にも耐え抜き、日本が復興した時に資産価値が回復するものが保有の条件となる。それは、二〇年から場合によっては三〇年先かもしれない。株の場合よほどの優良銘柄、不動産の場合東京二三区あるいは福岡などごく限られた地域の物件に限られるだろう（なぜ東京二三区と福岡なのか、その理由は拙書『東京は世界一バブル化する！』〈第二海援隊刊〉を参考いただきたい）。

大概の現金化可能なものは、まともな値段がついているうちに現金化した方がいい。株のように相場変動があるものは、もちろん慎重にタイミングを見計らうべきだが、あまり呑気にしていると恐慌が来てしまい手遅れになる。なるべく早いタイミングを見計らって欲しい。

もう一つ、持っているもので見直した方がいいモノがある。それは保険だ。多くの人は生命保険や自動車保険、火災保険、地震保険などに加入していることと思う。いずれも「イザ」という時の備えとして加入し、毎月数千～数万円の保険料を払っているわけだが、累積総額を計算してみると意外とばかにならない出費であることがわかるはずだ。保険も安心を買う「商品」として考えるなら、要らないモノは買わないに限る。

しかも、保険は家電や車と違い、保険会社自体が「保険金支払い」というサービスを行なうという意味で特殊な商品だ。たとえばトヨタが倒産しても、あなたが買ったトヨタ車はなくならないが、保険の場合は恐慌で保険会社が倒産すれば、加入している保険もなくなるのである。もちろん、保険契約者保護制度があるため、払った保険料がすべて無駄になることはないが、銀行のペイオフ制度や証券会社の分別保管義務などと違い、保険の保護制度は保険料を全額補償するものではないため、実質的に保険は目減りすることになる。したがって、保険は基本的に必要最小限にとどめた方がいい。

よく、人付き合いの関係などから断り切れずにいくつもの生命保険に入っているる人がいるが、これはやめた方がいい。「死んだ時は保険金が何百万×契約数分入ってくるから……」などという言い訳もよく聞くが、まったくナンセンスだ。ただでさえ大多数の人にとっては払う額の方が多くなる（そうでなければ保険会社はビジネスにならない）仕組みになっているのだから、複数保険を契約する余力があるなら、その分を自分で積み立てした方がまだ合理的というものである。自分が死んだ時の経済的リスクとのバランスを見直して、契約を整理すべきだ。これは恐慌対策以前の話だが、この際だからキッチリと整理した方がいい。

また、貯蓄型保険をやっている人も無駄遣いの可能性が極めて高い。保険会社は運用のプロではあるが、我々が手にできるのは保険会社の莫大な人件費や広告宣伝費などのコストを引いた残りの部分でしかない。まして、恐慌が来て会社が倒産すれば、繰り返しとなるが預けたお金は目減り必至である。ハッキリ言って、それならば銀行の定期預金の方がまだましだ。

地震や火災、自動車事故に備える損害保険は万が一の経済的リスクが大きいと考えられるため、基本的に入っていた方が良い。しかし、それでも過剰な特約を落とすなど最適化は図っておきたいところだ。

実践その四：金《きん》は保有してよい現物資産

「モノは持つな」と言ったが、金《きん》だけは別だ。「有事の金」という言葉がある通り、世界恐慌のような事態ではリスク回避志向が高まり、金への資金流入が高まる。同じ貴金属類ということで銀やプラチナも注目されるが、その流通性などからやはり金がもっともよいだろう。

ただ、恐慌の初期では、急激な現金需要から金が売られる局面もあると考えられる。相場を見ながら、底に近づいた時に買うのが賢明である。相場を見るのが苦手という人は、資産の五―一〇％程度を金で保有すると決め、何回かに分けて購入するという手をお勧めする。

他の「モノ」と違い、金は決して無価値にならない非常に手堅い資産である。恐慌や日本国破産を乗り越えて数十年持ち続けるつもりなら、国内不動産よりも金の方がはるかに資産価値の維持に有利だ。親から受け継いだ不動産がある方も、金への転換は真剣に検討した方がいい。

実践その五：外貨資産も持つ

恐慌時には、世界中のあらゆる金融機関、投資家が一斉にリスク回避行動をとる。そしてそれは、時に思いもよらない方向に市場が急転換する可能性も秘めている。ここ数年、欧州の債務危機や米国債デフォルト、中国発の株安など様々なイベントに対して、日本円や日本国債などは一貫してリスク回避先資産として買われてきた。「有事の円」「有事の日本国債」という図式が定着しつつあるが、この傾向が今後もずっと続くと考えることは危険だ。

すでに日本は莫大な政府債務を抱え、また経済成長も頭打ちで貿易収支は恒常的な赤字に転落する可能性が濃厚になっている。こうした材料に加えて、地震や火山活動の活発化など自然災害のリスクも高まっているため、「有事の日本」という認識がどこで急転換しないとも限らない。恐慌が国家破産に直結する可能性も考えれば、円建て、日本国内でのみ資産を持つことはかなり危険だ。

総資産のうち、ある程度の割合は外貨建て資産にすべきだ。

また、恐慌の大波を受けて国内金融機関が破綻する可能性にも注意が必要だ。特に、財務が脆弱な一部の金融機関に財産の大方が入っているなどというのは極めて危険だ。すぐにでも、信用格付けが高く財務内容がしっかりしているところに預け直すべきだ。また、海外口座など海外の金融機関に資産を預けるのも一手だ。もちろん、海外ならどこでもいいわけでは決してない。健全な国の健全な金融機関を慎重に選びたい。

外貨建て資産の持ち方として、外貨の現金で持つのも有効な手だが、現金は保管に気を付けないと盗難や焼失の危険がある。次の項目に挙げるような、万全の手立てを準備したい。

実践その六：自宅は要塞化、自己防衛を徹底する

恐慌によって失業や倒産が増え、貧困がはびこると、確実に治安は悪化する。食うに食えない人が、あちこちで強盗や空き巣などの犯罪に走れば、私たちが

被害者になってしまう確率も飛躍的に高まる。そこで必要なのが「自宅の要塞化」と「自己防衛」だ。

「自己防衛」とは、ひったくりや強盗、スリなどへの備えのことだ。日頃から防犯関連グッズを携行する癖をつけたい。離れるとアラームが鳴る警報器や、催涙スプレー、スタンガン、防犯ボールなど、単純な原理で使えるものが良いだろう。もちろん、こうした道具を持っていても、大人数に囲まれて暴行されたりすればひとたまりもない。目を付けられ、襲われることがないよう、日頃から金目のものをあまり持ち歩かない、華美な格好を避ける、近所で危険と思われる場所には近づかないなど、しっかりと用心すべきだろう。それでも万が一強盗に遭ってしまったら、とりあえず抵抗せずに金目のものを渡す他ない。命を取られてしまったら何にもならないからだ。

次に「自宅の要塞化」だ。こちらは「自己防衛」に比べて大掛かりになるが、ある程度資産を持っている人はぜひとも取り組んで欲しい。防犯カメラや警報器の設置、防犯ガラスへの入れ替えの他、現金や金現物などはタンスなどでは

世界恐慌対策　実践編

実践その１　信頼できる情報源を持ち、判断力を鍛えよ

実践その２　財産を棚卸しする

実践その３　モノは持つな、現金を持て

実践その４　金は保有してよい現物資産

実践その５　外貨資産も持つ

実践その６　自宅は要塞化、自己防衛を徹底する

※このページは切り取って、トイレなど目に付くところに貼り常に意識しよう

なく厳重な金庫にしまうことも重要だ。ここで注意したいのは、普通に売っている金庫ではダメということだ。中途半端な金庫では「ここに金目のものが入っています」とわざわざ泥棒に教えるようなものだからだ。

その意味で手提げ金庫などはまず論外だが、比較的大きい二〇〇～三〇〇キログラム程度のいわゆる「耐火金庫」でも対策にはまったく不十分だ。これぐらいの重さならちょっと手慣れた泥棒なら持ち出してしまう。また、耐火金庫は火事の焼失リスクにはある程度耐えられるが、バールなどの工具でこじ開けることも比較的容易なのだ。理想的には、重量が約一トン程度ある「防盗金庫」を専門の業者に設置してもらうことだ。壁際など普通の機材が入れられないような場所に、床面を内部からボルト止めして設置すれば万全だ。ただし、防盗金庫は設置工事も含めると二百万円程度はかかるため、中に入れておくべき現物資産との兼ね合いで検討したい。

世界恐慌対策：上級編

ここまでで紹介したものは、いずれも対策の基本的な項目である。これらをきっちり押さえるのは、最低限の必須事項と心得て欲しい。そして、次はいよいよ恐慌対策の上級編を披露しよう。

ここからの対策は、ある程度以上の資産家の方には必須の対策となる。また、世界恐慌という非常事態も逆手に取ってやろうという心意気がある人にはぜひおすすめだ。もちろん、資産家というほどではなくとも運用に回せるまとまった資産がある方、魅力的な資産運用の世界に興味がある方も、ぜひじっくり読んでいただきたい。では、その方法とは何か。ズバリ「外貨建てで海外に資産を持つ」という方法だ。この方法は主に国家破産による徳政令から財産を守る方法だが、うまく活用すれば恐慌対策にも非常に有効だ。

まず、あなたが資産家であれば、この対策は何が何でもやらねばならない。

なぜなら、これから我々が迎えるのは世界恐慌だけではないからだ。恐慌が深刻な景気後退とデフレをもたらすと、ほどなくして日本の天文学的債務に火がつく。おそらく、日本政府はすでに国家破産→資産逃避防止に向けた準備を着々と進めているが、恐慌経由で日本国破産のシナリオが誰の目にも明らかとなった瞬間、金融鎖国化などあらゆる手立てを講じるだろう。そのメインターゲットは資産家で、財産を一網打尽にすることだ。つまり、恐慌前から国家破産対策をしていないと恐慌はしのげても国家破産で丸裸、ということになりかねない。

また、海外には日本では考えられないような魅力的な投資法が存在する。その中には非常に高い利回りを目指すもの、さらには恐慌を逆手に取って大きな収益を上げるという、私たち日本人にとって「常識外」というべきものもあるのだ。もし日本国内で同様のことをしようと思っても、それができるのは特殊なノウハウと潤沢な資金を扱えるごく限られた人だけだ。しかし海外の場合、そういったノウハウや莫大な資金がなくとも、「恐慌に勝つ」運用ができるのだ。

さて、一口に「外貨建て、海外」と言っても、いくつかの代表的な方法がある。それぞれについて恐慌対策としての有効性を確認していこう。

■海外口座

一番イメージが湧きやすく、わかりやすい方法が「海外口座」だ。日本以外の国の銀行に、自分名義の口座を持ち、預金をすれば立派な「海外資産」となる。二〇〇八年のリーマン・ショック時や二〇一〇年のギリシャ・ショック以降の欧州を見ればわかるが、金融インフラの安定性維持のため、どの国でも銀行は国によって保護、救済される可能性が高い。したがって、海外口座は比較的手堅い資産の持ち方と言えるだろう。

しかし、だからといってどの国のどの銀行でもよいわけではない。新興国は先進国に比べて金利水準が高く、銀行の預金金利も有利なところが多いが、そういう国は相対的に為替リスクが高かったり、銀行の健全性に問題があったりする。また、国の信用に問題がなくとも、銀行の経営状況が悪ければ普通に破綻の可能性もある。日本のように預金保護制度が充実していない国もあり、最悪の場合、預けた資産が回収できなくなる危険性もあるのだ。

では、海外口座はどこに持つのが良いのか？　アメリカや高格付けの欧州諸国という手もあるが、独自の規制や外国人受け入れのハードルなどがあり、また使い勝手の点でもお勧めできない。私が長年世界中をめぐり、情報収集して研究したところでは、現在私たち日本人にとってもっとも良い条件を備えているのは、ニュージーランドとシンガポールだ。日本から渡航しやすく、国の信用も高い両国であれば、恐慌時の資産預入先としても安心できる。さらに、国家破産で国内金融機関が大混乱に陥り、また徳政令で預金封鎖されるような状況にも対応できるのが何より魅力である。また、いずれの国にも預け入れ条件が高過ぎずサービスが整っていて日本人が利用しやすい銀行がある。

なお、最近の世界的な傾向として、中国やインドの富裕層などが国外に大量の資金を移す動きがあったため、その反動で各国の銀行側も外国人受け入れ条件を徐々に厳しくしつつあるようだ。こうしたトレンドは、今後さらに加速する可能性がある。海外口座に興味のある方は、早目に検討を進めた方がいいだろう。

■海外の株、不動産など

残念ながら、海外といえども株や不動産では大恐慌の大波から免れることはできない。国内株や国内不動産同様、大暴落の嵐が吹き荒れることは必至だ。こうしたものは基本的には持つべきではない。もちろん、国内の株や不動産同様、恐慌もしのぎ切れるような非常に優れた銘柄、物件であれば保有する価値はあるかもしれない。ただ、それを評価できるような情報を得られる見込みは極めて薄いため、よほど研究している人以外はやめた方がいいだろう。

■海外で金《きん》を持つ

金は恐慌時にも有効な資産と説明したが、それを海外で持つというやり方だ。これは、国家破産時に金を保有し続ける方法としてならまだ検討に値するかもしれないが、ハッキリ言えば手間ばかりかかるので恐慌対策としてはあまりやる意味はないだろう。保管場所は銀行の貸金庫や貸金庫業者を利用することになるだろうが、当然経費はかかるし、最悪の場合は業者が廃業する、銀行が外国人向けの貸金庫をやめるなどといった事態になった場合、即座に金回収のために渡航しなければならなくなる。よほど勝手を知ったところに預けるのでない限り、海外で貸金庫を使うのはやめておいた方がいい。

■最強の資産防衛法：海外ファンド

私が何といってもお勧めしたいのが、海外ファンドへの直接投資という方法だ。前述した海外口座は、手堅く安全に海外で資産を防衛するにはうってつけだが、開設には現地訪問が必要な場合が多く、また開設後も定期的な手続きなどが必要で、維持管理には思いのほか労力がかかる。また、近年は世界的な低金利のため、利回りが非常に悪く運用面での魅力が薄いのが難点だ。一方、株や不動産などは、運用利回り面での魅力はあるが、これらは日夜運用のプロ達がしのぎを削る世界であり、素人がちょっと勉強した程度では到底太刀打ちできるものではないものだ。

その点、海外ファンドは国内にいながら手続きができ、保有後の維持管理面でも比較的に負担が少ない。また、運用面も年率二〇％以上を狙うハイリターン型のものから、低リスクで年五％前後を手堅く狙うものまで、多様な選択肢から選ぶことができる。それらの運用も、金融のプロたちが世界最先端の技術や新しいビジネスモデルを駆使するため、日夜熾烈な競争が繰り広げられるマーケットに十分太刀打ちができる。突発的なリスクに対応する方法も、素人が考えもつかないような方法を確立しており、自分で市場に参加するよりもはるかに安全だ。ファンドによっては、恐慌や国家破産というすさまじい状況も切り抜け、それどころか大きな収益を上げるものまであるのだ。これほど魅力的な世界が、他にあるだろうか。

もちろん、証券会社で株や投資信託などを売買した経験がない人などは、特にイメージしづらく取り掛かりづらい印象があるかもしれない。しかし、基本的なやり方や注意点、リスクをきちんと押さえれば、海外口座や外国株などよりも取り掛かりやすいという利点がある。

さて、一口に海外ファンドといっても、世界中には数万銘柄はあると言われている。残念ながら、これらのすべてが素晴しいものとは限らないし、恐慌に強いわけでもない。むしろ素晴しいファンド、恐慌に強いファンドはその中でも一握りである。また、似たような投資信託が日本国内の証券会社で売っている。たとえば、世界中の高配当株式に分散投資するファンド、というものもあるが、こうしたものは国内にも類似の投資信託があるし、また中身が現物株の買いのみなので、恐慌時には暴落相場の影響をもろに受ける。二重の意味でやる価値のない海外ファンドである。

私が注目しているのは、この数多あるファンドの中でも「ヘッジファンド」と言われるものだ。「ヘッジファンド」とは、株や債券などへの投資で利益を得る一般的なファンドと異なり、デリバティブ（先物、スワップ、オプションなどの金融派生商品）や様々な取引手法を使って、相場の上下に関わらず収益を

海外ファンドの魅力

① 投資のプロが
素人にはまねのできない
高度な手法を駆使

② 素人にはできない
リスク管理手法

③ 様々な
特色を持った銘柄から
自分に合うものを選べる

④ 海外口座とは異なり、
日本にいながらにして
始められる

⑤ 国内の投資信託にはほとんどない
高い期待利回りの
銘柄もある

目指すファンドだ。この「相場の上下に関わらず」という点がミソで、そこに恐慌対策の秘密が隠されているのだ。

私は長年、このヘッジファンドに強い関心を持ち、情報を収集して研究を行なってきた。そして、実に様々な運用手法にも、恐慌や国家破産に強みを発揮するものとそうでないものがあることを発見した。二五三ページに、ヘッジファンドの代表的な運用戦略を挙げているが、結論から言えばこの中で世界恐慌に明確に強みを発揮しうるのは二つだけである。それは「ショート・バイアス」と「マネージド・フューチャーズ」（頭文字を取ってMFと呼ぶ）だ。実際、二〇〇八年の金融恐慌時にはその実力をいかんなく発揮し、暴落相場を乗り切るどころか他の戦略が軒並み大損失に沈む中、莫大な利益を上げたのである。

少し難しくなるが、この二つの戦略を少しだけ解説しよう。「ショート・バイアス」とは、簡単に言えば「売り重視」の戦略だ。現物株式や先物などの取引全体に占める「売り」の割合が多いため、下げ相場に強みが出やすい。

もう一方の「マネージド・フューチャーズ」（MF）は先物（フューチャー

ヘッジファンドの主要戦略一覧

- 転換証券アービトラージ
- ショート・バイアス
- 新興国市場
- 株式マーケットニュートラル
- イベント・ドリブン
- 債券アービトラージ
- グローバル・マクロ
- 株式ロング・ショート
- マネージド・フューチャーズ（MF）
- マルチストラテジー

（網掛け）は浅井隆が推す恐慌に強いヘッジファンド

※クレディスイス　ヘッジファンド　インデックスを参考に
日本インベストメント・リサーチにて作成

ズ）取引をある管理手法（マネージドフューチャーズ）を使って行なうものだ。この管理手法がミソで、一般的には「トレンドフォロー」が用いられることが多い。「トレンドフォロー」とは「相場の流れを後追いする」手法で、相場が一定方向にトレンドを形成している場面ではひたすら収益を取ることができるが、相場の転換点では確実に損失を出すという特徴がある。実際のファンドでは、相場の方向をコンピュータで管理し、上昇相場では買い、下落相場では売りの自動売買をすることで、非常に多くの先物市場に分散投資し効率よく収益を狙う。

しかし、恐慌に強いファンドも決して万能ではない。仮に一〇年に一度恐慌が起こるとしても、残りの九年は平時である。平時に負け続けるようでは、ファンドとしての意味を成さない。

まず、ショート・バイアス戦略は私たちが恐慌対策をするにはまったく向かない。平時の市場は少なくとも横ばいか上昇相場である。「売り」に傾斜配分したこの戦略は、そういう時は負け続ける宿命にあるのだ。

次に「MF」だが、二〇〇八年以前は極めて良好な成績を残していたが、そ

「Aファンド」のチャート

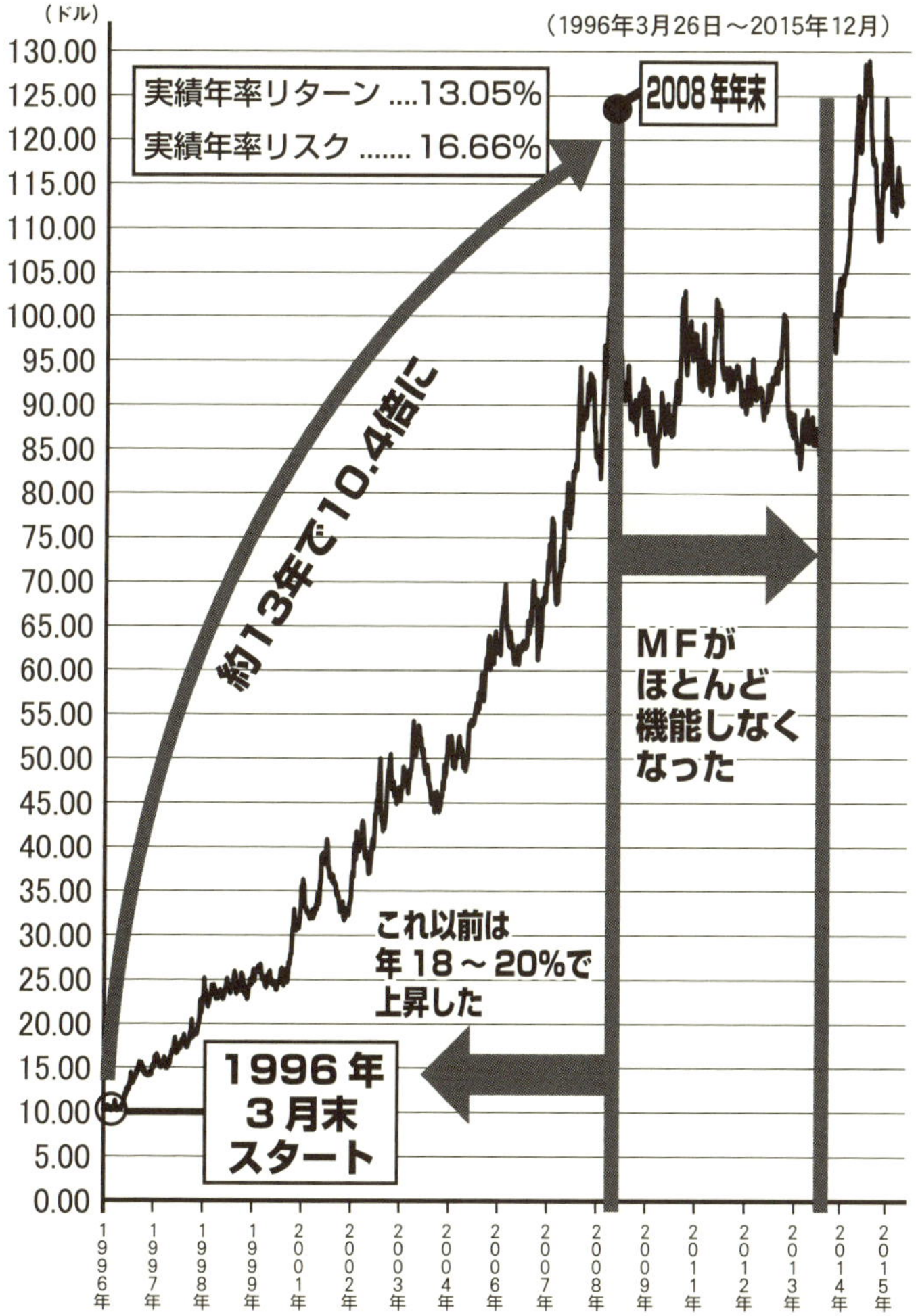
(ドル)
(1996年3月26日～2015年12月)
130.00
125.00
120.00
115.00
110.00
105.00
100.00
95.00
90.00
85.00
80.00
75.00
70.00
65.00
60.00
55.00
50.00
45.00
40.00
35.00
30.00
25.00
20.00
15.00
10.00
5.00
0.00
実績年率リターン 13.05%
実績年率リスク 16.66%
2008年年末
約13年で10.4倍に
MFがほとんど機能しなくなった
これ以前は年18～20%で上昇した
1996年3月末スタート
1996年
1997年
1998年
1999年
2001年
2002年
2003年
2004年
2006年
2007年
2008年
2009年
2011年
2012年
2013年
2014年
2015年

れ以降はほかばかしい成果を挙げられなくなった。先進国の金融緩和で市場環境が大きく変わり、戦略が効かなくなってしまったのだ。「MF」の代表的ファンドである英国商社系の「Aファンド」のチャートでおわかりのように、ほぼ頭打ちとなっている。

私は、もはや「MF」の時代は終わったと考えていたのだが、実は最近になって少し考え方を変えるに至った。二〇一四年の後半にかけて、MF戦略のファンドが軒並み大きく収益を取ったのである。米国が金融緩和の出口を模索し始めたことに象徴される、世界経済の「危機対応モード」からの脱却と、原油価格の暴落、ユーロ・ポンド安の進行など、明確な市場トレンドが出たことが原因である。

つまり、「MF」という戦略は時代遅れの「死に体」戦略ではなく、大きな相場が形成される局面ではまだ力を発揮しうる「生きている戦略」だったのである。ただ、「MF」戦略のファンドを細かく見ていくと、それぞれに差があることもわかった。どうも、他よりも良い成績を挙げるものや、市場のトレンドが定まらない時期にも成績を挙げるファンドは、従来の「ＭＦ」とは違う戦略も一部取り入れるなど、過去の成功体験にとらわれない取り組みによって、うまく難局に対応しているようなのだ。

こうした「ハイブリッド型ＭＦ」であれば、今から恐慌対策として保有しておくことは極めて有効といえるだろう。

進化型ＭＦ：「ＬＮファンド」

「ＬＮファンド」はスイスに籍を置く新進気鋭のファンド会社が運用している「ハイブリッド型ＭＦ」ファンドだ。このファンドが特徴的なのは、市場に追随する「トレンドフォロー」の他に、短期間での相場の誤差調整を狙う「ミーンリバージョン」や、ＭＦ戦略とは一線を画する「ボラティリティ・ストラテジー」（通称ボラ・ステ）といわれるユニークな戦略を配合している点だ。この「ボラ・ステ」ではＶＩＸ指数という最先端の金融工学をベースにした指数を取引対象にしており、興味深い。関心がある方は、拙書『驚くべきヘッジファンドの世界』（第二海援隊刊）を参照いただきたいが、この「ボラ・ステ」戦略も金融危機時に非常に大きな収益を上げている。有事への対応力に高い期待が持てるファンドだ。

この他にもいくつか注目のMF系ファンドが存在し、それぞれ特色ある運用戦略を独自のバランスで組み合わせている。ここでは詳細を解説しないが、こうした銘柄が有事にどのような力を発揮してくれるのか、大いに楽しみだ。

では、MF戦略以外のファンドが恐慌対策には全く向かず、一切無視していいかというと、実はそうとも限らない。ヘッジファンドは相場の上下に関係なく収益を上げることを目的にしており、MF以外の戦略を採用するファンドでも、巧みな戦略設定によって暴落相場にも対応する可能性をもったものは存在する。また、リーマン・ショックの激震にも耐え、その後の市場環境の変化にも見事に対応して、その実力を示したファンドも存在する。

そういった魅力的なファンドを見極めるのは非常に難しいが、ここでは先ほどのクラブで情報提供しているファンドから、恐慌相場にも力を発揮する可能

「LNファンド」のチャートと騰落表

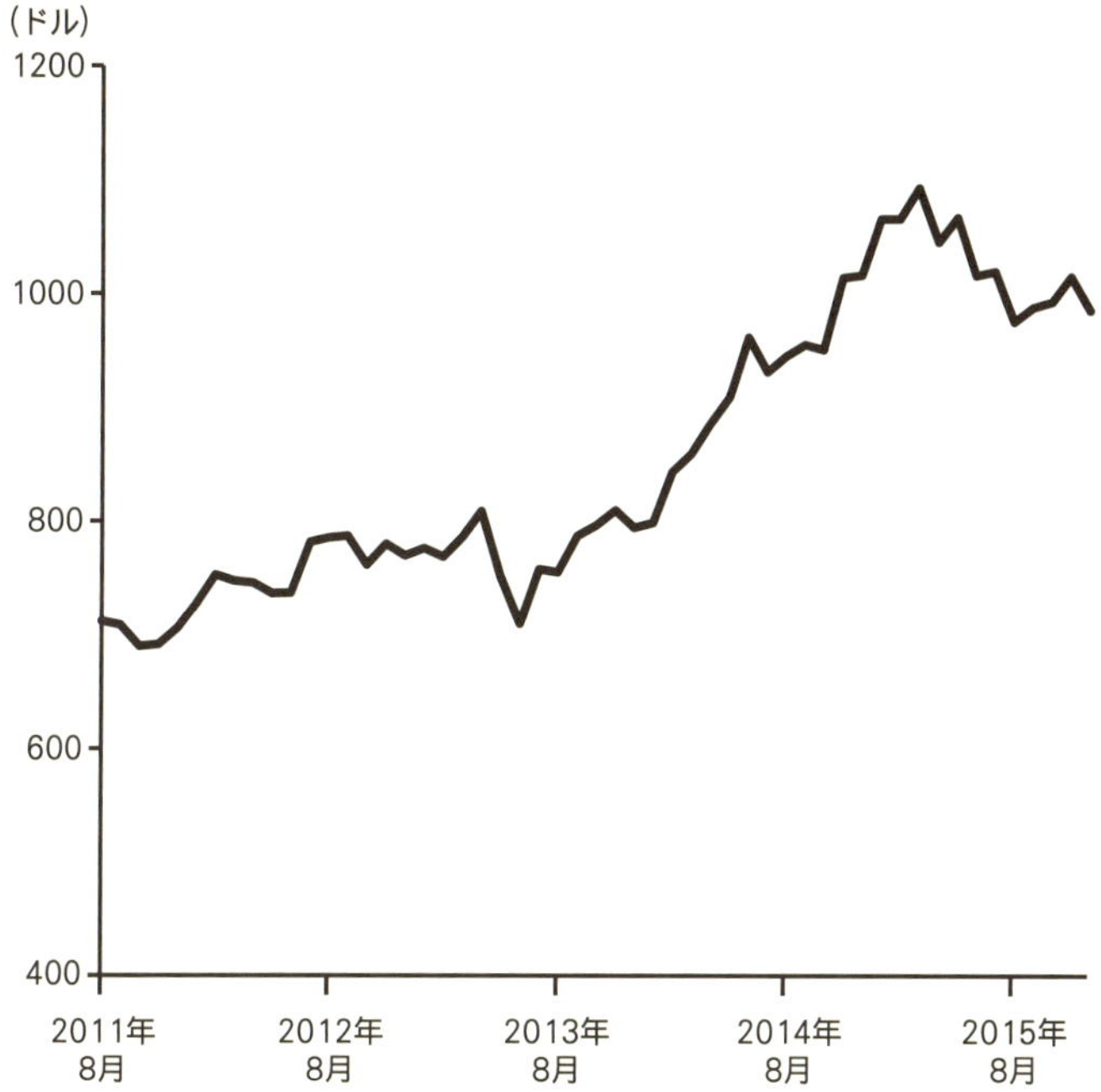

(単位：%)

年＼月	1月	2月	3月	4月	5月	6月	7月	8月	9月	10月	11月	12月	年初来
2011								0.86	▲0.46	▲2.73	0.26	2.14	0.01
2012	3.04	3.42	▲0.72	▲0.17	▲1.26	0.08	6.04	0.49	0.22	▲3.27	2.42	▲1.31	8.97
2013	0.85	▲0.93	2.23	2.91	▲7.11	▲5.63	6.89	▲0.36	4.24	1.16	1.61	▲1.82	3.23
2014	0.52	5.61	1.82	3.09	2.65	5.87	▲3.21	1.52	1.08	▲0.48	6.61	0.24	27.91
2015	4.87	▲0.01	2.58	▲4.40	2.10	▲4.79	0.35	▲4.29	1.25	0.52	2.23	▲2.94	▲3.05

性を秘めた二つのファンドに触れておこう。

グローバル・マクロ戦略：「NPファンド」

「グローバル・マクロ」戦略とは、経済・金融市場を世界的（グローバル）に見渡し、大局的（マクロ）な視点で投資判断を行なう戦略だ。一九九二年のポンド危機や一九九八年のアジア通貨危機で莫大な利益を上げたジョージ・ソロス、二〇〇七年の米住宅ローンバブル崩壊や二〇一〇年のギリシャ・ショックの予測で一躍有名になったカイル・バスなど、カリスマ投資家が行なう戦略としても有名である。

こうした有名投資家は、往々にして危機を逆手に取った大胆な投資判断を行なうが、この「NPファンド」も危機を逆手に取ったような投資判断を行ないうるファンドだ。ただし、「NPファンド」の場合カリスマ投資家が一人で判断するのではなく、専門家チームによるディスカッションで意思決定を行なうのだ。

「NPファンド」のチャートと騰落表

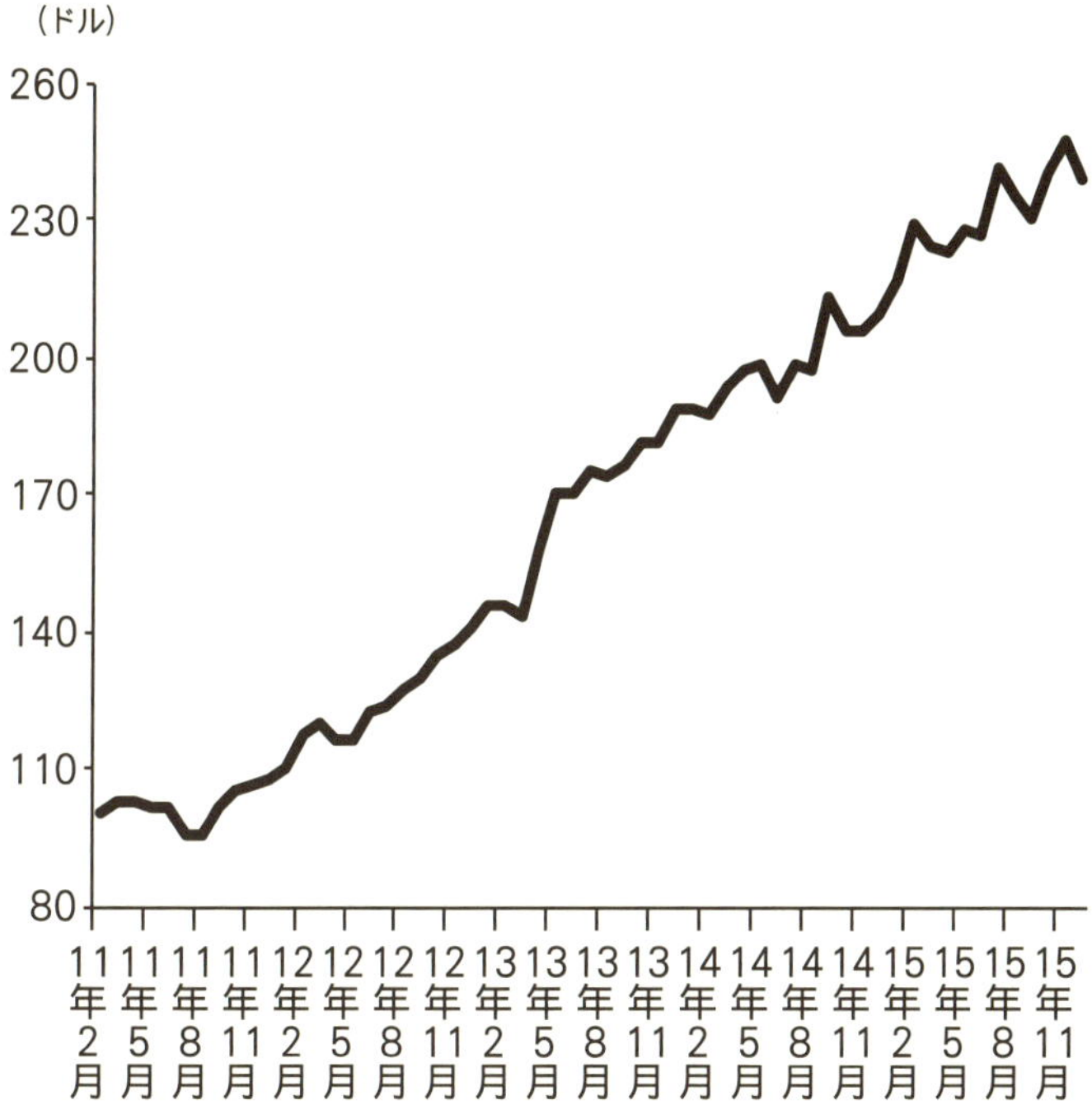

(単位：%)

年＼月	1月	2月	3月	4月	5月	6月	7月	8月	9月	10月	11月	12月	年初来
2011			3.13	▲0.41	▲1.09	▲0.36	▲5.75	0.39	6.54	3.23	0.61	1.16	3.83
2012	2.97	6.61	1.61	▲2.91	0.39	5.59	0.57	2.90	1.64	4.07	2.30	2.06	31.21
2013	4.06	▲0.74	▲1.51	10.45	7.69	0.01	2.82	▲0.52	1.10	2.81	0.50	3.50	33.83
2014	0.13	▲0.71	3.37	2.21	0.38	▲3.80	4.02	▲0.67	8.32	▲3.87	0.28	1.53	11.13
2015	3.85	5.36	▲2.01	▲0.27	2.08	▲0.73	6.67	▲2.63	▲2.07	4.09	2.97	▲3.19	14.36

投資対象も、日々大量の資金が動く市場、つまり流動性が高く大規模な市場のうち、自分たちが得意とする市場を主戦場としている。また、たとえば総資産の四分の三程度は六ヵ月以上の長期投資によって安定的収益を狙い、四分の一程度を一週間以内の短期投資によって勝負するといったスタンスを取っている(比率はその時によって変化)。一週間から六ヵ月の取引は一切行なわないことを徹底しているそうだ。

なお、二〇一五年一月に起きた「スイスフラン・ショック」では一日のうちにスイスフランが四〇%近くも上昇する局面があり、FX業者の倒産や個人投資家の破産がニュースになったが、「NPファンド」の専門家チームはこれを予見し、さらにそれを逆手に収益を確保したとのことだ。こうした急激な局面を予見できる能力によって、今後の恐慌対策にも大いに力を発揮する可能性がある。

レラティブ・バリュー・コリレーション戦略:「KAファンド」

「レラティブ・バリュー・コリレーション」戦略を日本語に直訳すると、相対

「KAファンド」のチャートと騰落表

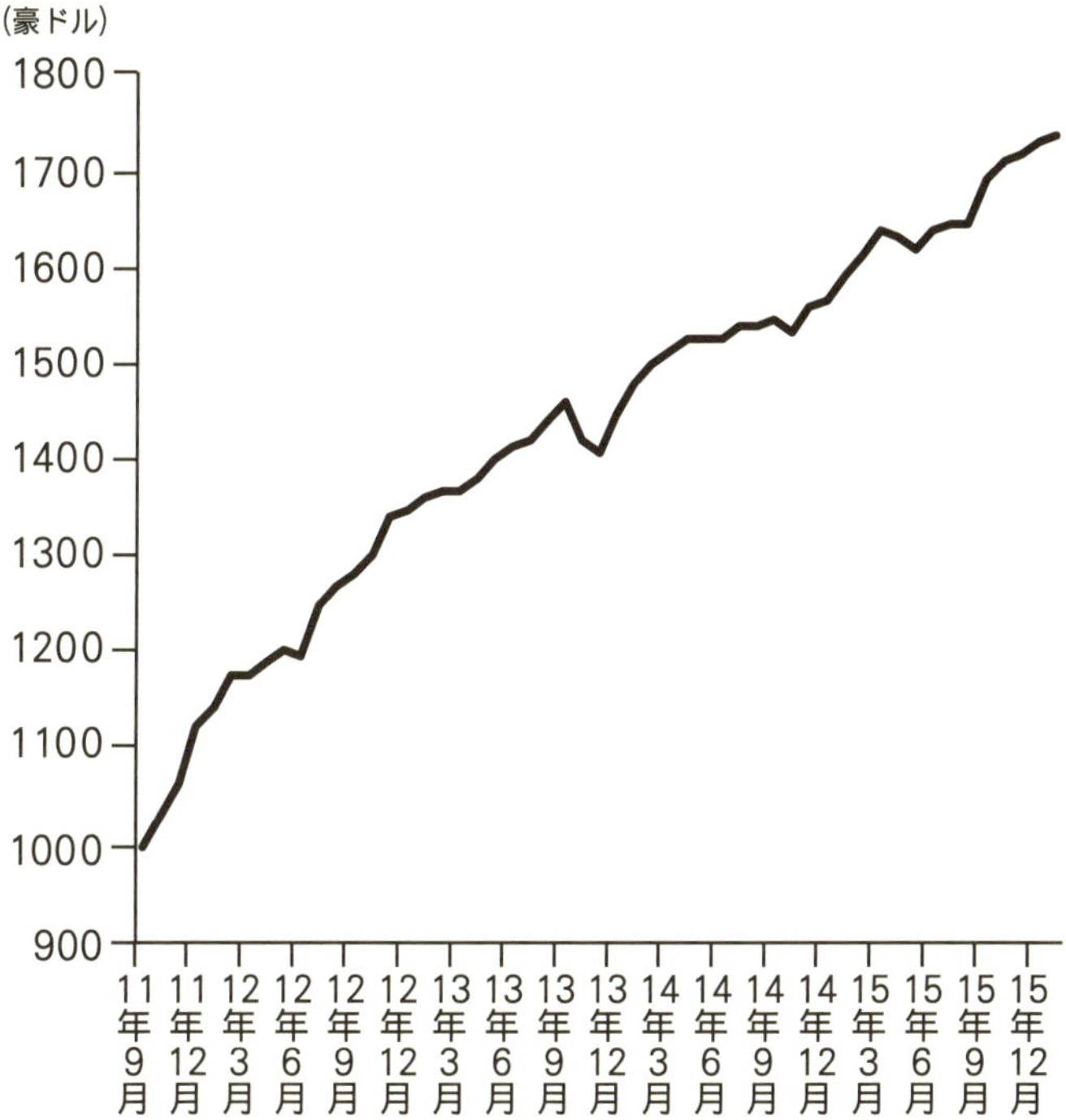

(単位：%)

年＼月	1月	2月	3月	4月	5月	6月	7月	8月	9月	10月	11月	12月	年初来
2011									3.06	3.29	5.27	2.15	14.46
2012	2.43	0.36	0.81	1.20	▲0.44	4.40	1.42	1.08	1.78	2.87	0.47	1.17	18.93
2013	0.30	0.25	1.05	0.97	1.23	0.41	1.19	1.61	▲2.96	▲0.93	2.89	2.48	8.70
2014	1.14	0.85	1.09	0.12	▲0.12	0.63	0.11	0.38	▲0.90	2.07	0.30	1.54	7.41
2015	1.48	1.35	▲0.08	▲0.92	1.10	0.61	▲0.01	2.77	0.98	0.54	0.74	0.19	9.07

価値相関投資戦略となる。何のことかわかりづらいが、非常に簡単に言うと「似た動きをする投資対象にたまに発生する価格差を利用した取引」ということになる。いわゆる「アービトラージ」（裁定取引）の一種だが、このファンドの面白いところはそれを個別株や債券などではなく、市場単位で行なう点だ。一般的に、裁定取引をベースにした運用戦略は恐慌に弱いとされる。事実、リーマン・ショック後のパニック相場では裁定取引系戦略は軒並み大損失を被っている。これは、裁定取引が「割安、割高なものは適正価格に戻る」ことを前提にしているためである。

恐慌相場では合理的な判断が働かない。割安なものに対しては売りが売りを呼び、逆に割高なものを相対的に安全と見て買いが殺到するという現象が起きる。裁定取引は非常に合理的な戦略で、安いものを買い、高いものを売る戦略だが、逆にパニック相場では「股裂き」現象によって大打撃を受けるのだ。

しかしこれが、取引対象を市場同士にすると、個別株に比べてはるかに股裂きのリスクが軽減される。「ＫＡファンド」では、いくつかの「似た者同士」市場をターゲットに分散をかけ、また独自のリスク管理手法を用いてコンピュータで自動判断を行なうことで、恐慌相場にも対応しているという。実際、金融危機以降何度も訪れたプチ・パニック相場に対して、損失を出すどころか逆に相場が荒れたことで平時より大きくなった価格差を取り、しっかりと収益を上げているのだ。今後もすべての恐慌相場に一〇〇％対応しうる、と言い切ることは難しいが、類似する戦略のファンドの中では極めて有望な銘柄の一つと言えるだろう。

株式マーケットニュートラル：「EEファンド」

株式マーケットニュートラル戦略は、株式市場の水準より割安な株式を買うと同時に、割高なものを売ることで相場の上げ下げに関わらず利益を上げる戦略だ。実際には、割安な株を買う一方でその市場の指数銘柄（日経平均株価やTOPIXなど）を売るという方法を取る。実は、この戦略は基本的に恐慌相場には弱い。なぜなら、恐慌時には割安と思われた株がさらに売り込まれ、割高な銘柄が逆に安全とみなされて買われるという現象が起きるためだ。こうなると、「割安を買い、割高を売る」この戦略は完全に崩壊する。しかし、そのような戦略的欠陥を見事に克服し、一〇年もの間結果を叩き出し続けているのが「EEファンド」だ。

「EEファンド」では、銘柄の分析に面白い方法を採用している。テクニカル分析（過去の株価推移から今後の動きを予測する手法）とファンダメンタル分析（事業計画や業績、財務状況など）の両方を組み合わせ、また業界内での株価水準を分析するだけでなく、業界間の株価水準も分析を行なう、といったことをやっているのだ。また、予測する動きも一時間先の短期から一年先の長期まで幅広いのである。「株式マーケットニュートラル」戦略を採用する大多数のファンドは、これらの手法のうち一つか二つを使うことはあっても、これほど幅広くアプローチするところはあまりない。こうした巧妙な工夫もあって、リーマン・ショックがあった二〇〇八年ですらプラスを叩き出すことに成功している。今後の運用にも大いに注目の銘柄だ。

「EEファンド」のチャートと騰落表

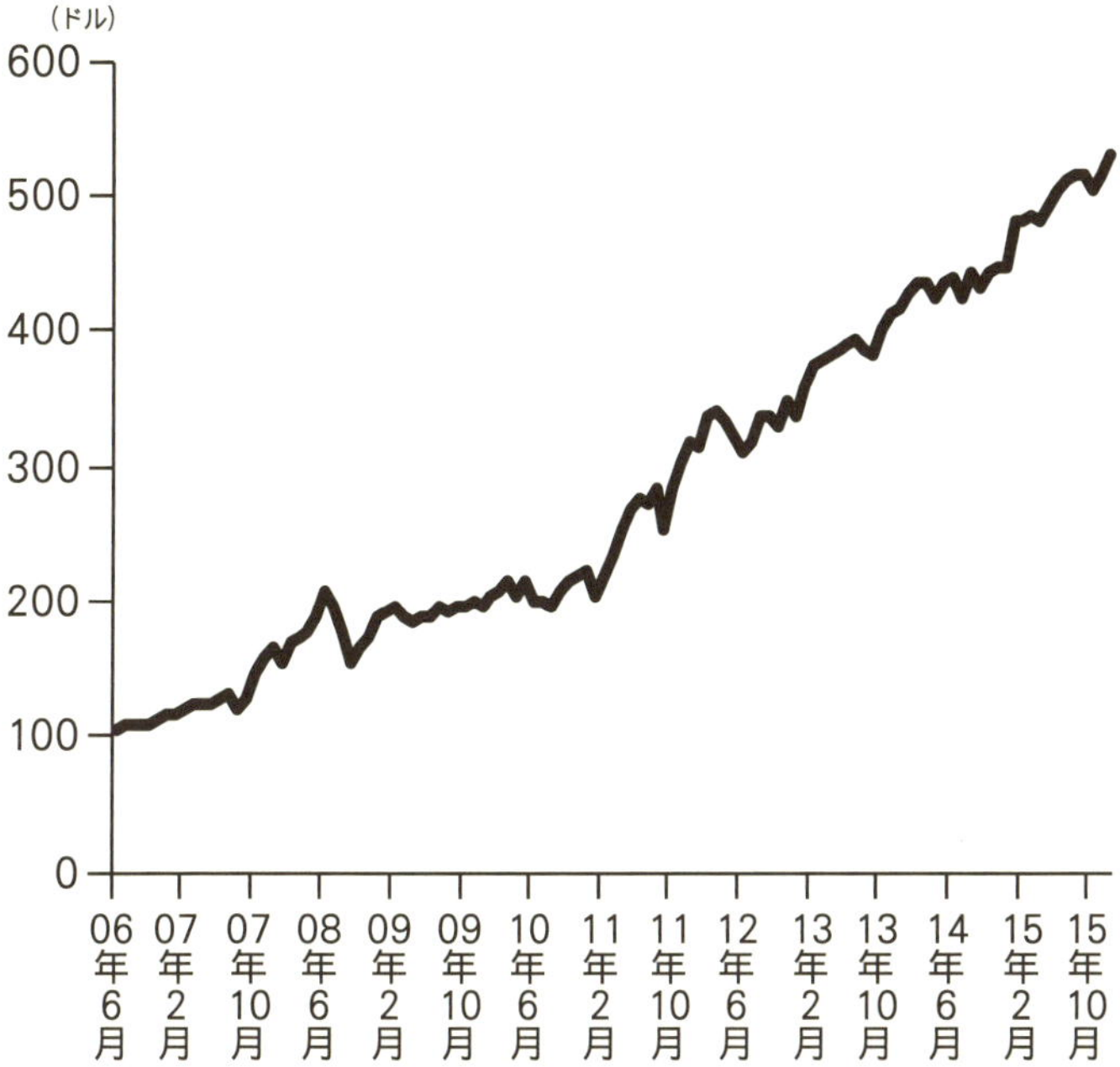

（単位：％）

年＼月	1月	2月	3月	4月	5月	6月	7月	8月	9月	10月	11月	12月	年初来
2006						5.94	2.07	▲0.89	0.49	2.06	0.66	4.11	15.18
2007	2.36	0.81	3.85	0.29	▲0.16	2.08	4.59	▲10.08	7.17	16.11	5.89	6.36	44.38
2008	▲7.86	11.44	0.96	3.60	5.58	10.13	▲6.20	▲9.25	▲12.01	5.93	5.95	6.92	12.22
2009	3.17	1.18	▲2.70	▲2.32	2.42	0.24	2.23	▲1.92	2.32	1.35	0.29	▲1.32	4.81
2010	4.36	1.80	2.57	▲3.73	4.00	▲5.61	▲1.24	▲0.86	4.75	3.88	2.78	0.81	13.67
2011	▲8.88	7.94	7.15	8.05	5.96	3.00	▲1.39	3.74	▲11.02	12.58	6.15	5.33	42.38
2012	▲0.65	6.38	2.09	▲2.27	▲3.42	▲3.40	1.61	5.82	0.53	▲2.18	5.49	▲2.62	6.86
2013	6.44	3.99	1.02	1.47	0.08	1.42	1.45	▲1.96	▲1.02	4.57	2.69	1.39	23.44
2014	2.07	2.11	▲0.07	▲2.86	3.12	0.72	▲3.14	4.39	▲2.50	2.61	0.53	0.41	7.30
2015	6.97	0.59	0.59	▲1.17	2.82	1.92	1.59	1.09	▲0.08	▲1.94	1.98	2.68	18.13

さらに、最近情報入手したファンド情報の中に、実にユニークというべき、型破りな戦略で運用を行うファンドがあった。世界にはこんな面白いファンドもある、という格好の例だ。

型破りなバリュー戦略：「PUファンド」

「PUファンド」は、北米、欧州、アジアの株式市場の、指数銘柄のみを取引対象にするファンドだ。しかし、その売買判断に用いるものが実に特殊である。なんと、「アノマリー」を使うのだ。アノマリーとは、理論的に説明はできないものの、高い確率で起きるとされる現象のことで、日本の株式でも「一月効果」（一二月末から一月の第一週の終わりまでの間に相場が上昇する）や「節分天井、彼岸底」（相場は節分ごろ（二月上旬）に高値を付けて彼岸（三月中旬）に底値を付ける）というアノマリーがあるとされる。「PUファンド」では、独自の分析によって各国市場のアノマリーを発見し、それをコンピュータにプログラミングしてシステム運用を行なっている。

「PUファンド」のチャートと騰落表

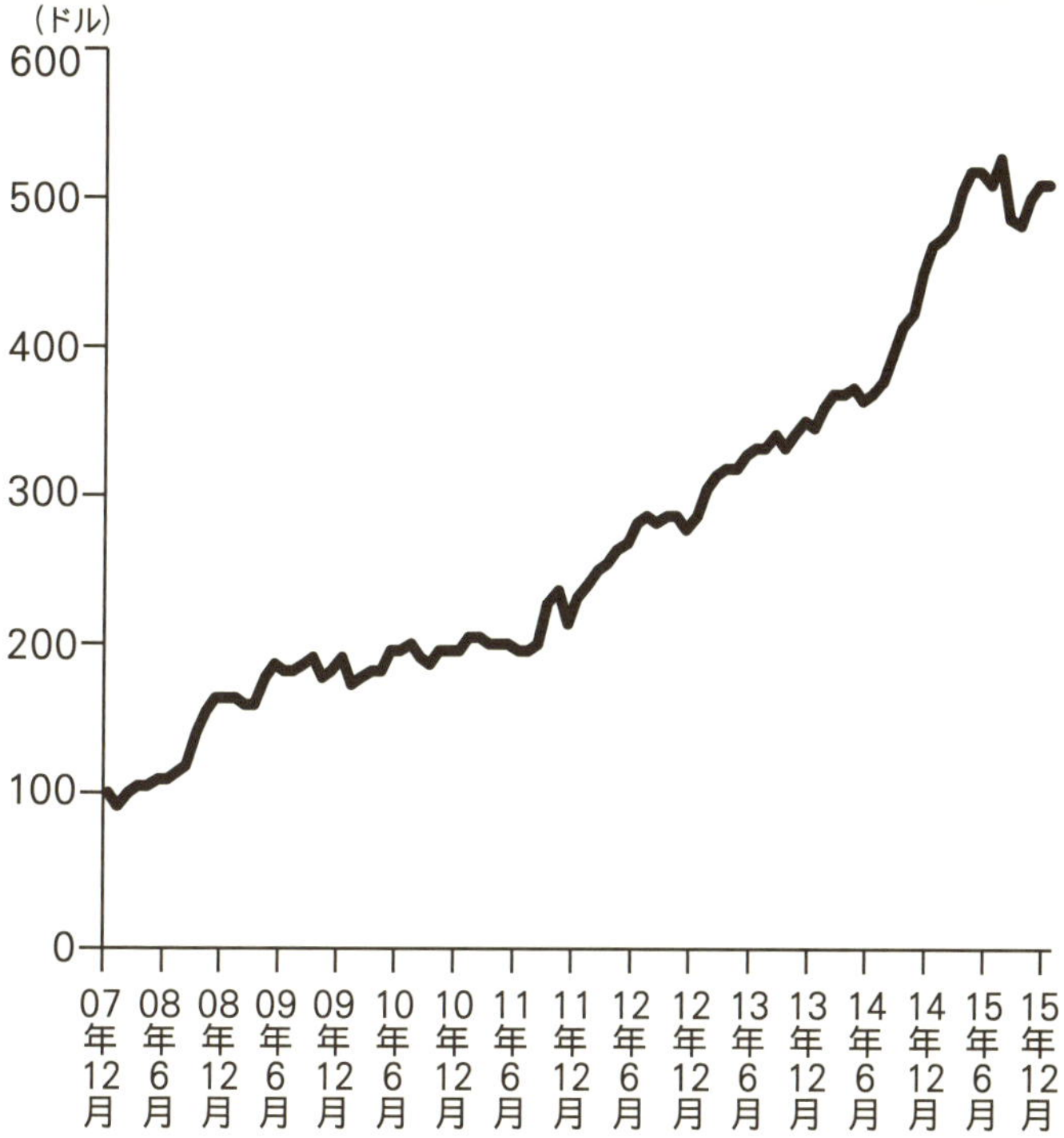

(単位：%)

年＼月	1月	2月	3月	4月	5月	6月	7月	8月	9月	10月	11月	12月	年初来
2008	▲5.26	7.43	4.03	0.84	4.53	1.24	4.23	1.74	19.33	9.13	4.83	0.04	63.65
2009	1.37	▲2.36	▲0.66	10.43	5.13	▲1.46	▲0.36	3.64	0.74	7.43	4.23	3.44	17.24
2010	▲8.46	2.44	1.94	▲0.36	8.33	▲1.16	3.64	▲5.56	▲1.36	3.64	0.94	0.54	3.54
2011	3.84	▲0.16	▲2.06	0.34	▲1.46	▲1.66	▲0.46	2.54	15.23	3.14	▲9.46	7.83	16.90
2012	3.44	3.64	2.34	3.14	3.24	3.74	1.44	▲0.96	1.24	1.04	▲3.36	2.74	23.61
2013	5.63	3.94	1.24	▲0.06	2.14	2.24	0.24	2.34	▲2.26	1.84	2.54	▲0.86	20.38
2014	4.13	2.04	0.94	0.04	▲1.76	0.64	2.64	4.73	5.03	2.44	6.43	3.34	34.93
2015	1.34	2.14	4.43	2.54	0.17	▲1.40	3.54	▲8.37	▲0.16	3.64	1.18	0.55	9.31

「そんなものでうまくいくのか？」という疑問が出そうだが、市場に存在するがまだ誰も発見していない、ある種のパターン性を特定するというアプローチは非常に斬新なアイデアだ。実運用開始からはまだ日が浅いが、目下のところ良好な成績を収めている。また、現在のコンピュータプログラムで二〇〇六年から運用した場合のシミュレーション値から見て、恐慌相場への対応力にも期待が持てる。

またこの他にも、恐慌相場ではほぼ確実に損失を被るものの、平時にはその損失を補って余りある収益を取ったというツワモノファンドも存在する。アジアの通貨取引（ＦＸ）に特化して非常に高効率な運用を目指すファンドや、他にはないアイデアで勝負するファンドなどもある。その中から、自分の資産規模や運用に求める傾向（安定性重視か収益性重視かなど）を考慮し、自分に合った銘柄を選ぶことができるのだ。

何をするにも「早い者勝ち」

いかがだっただろうか。海外口座、海外ファンドによる財産防衛は恐慌対策としても、さらに国家破産対策にも有効で、かつ運用によって収益も期待できる非常に魅力的な方法であることをお感じいただけたと思う。もちろん、その全容や具体的な方法についてまでここで紹介することはできないが、「ロイヤル資産クラブ」「自分年金クラブ」ではこれら海外の活用を、個々人の資産状況や希望などを聞きながら、具体的、実践的にアドバイスしている。各クラブの詳細は巻末にまとめているので、ぜひ参照の上、活用していただきたい。

最後に、今一度注意しておきたいのは、「この世はすべて早いもの勝ち」ということだ。海外口座については、受け入れ条件の厳格化や魅力的だった各種条件の縮小といったことが起き始めている。新興国の富裕層が押し寄せたことで、銀行側も顧客を選別するようになっているのだ。また、ファンドにしても、独自の魅力ある手法で実績を上げている優秀な銘柄には資金が集まり、たちまち募集停止となる状況だ。そして、世界的な大恐慌は今や私たちの目の前に迫り、予兆となる現象もすでに起き始めている。あなたに残された恐慌対策の時間は、あなたが考えるよりもはるかに少ないのだ。

恐慌対策を始めるのならば、この本を読み終わったその瞬間から取り掛かって欲しい。ただし、コトはあなたの大切な財産にかかわることだ。焦っておかしなサギ話などに引っかからぬよう、万全の注意を払い慎重にコトを進めることも重要だ。矛盾するようだが、ぜひとも「焦らず急いで」取り掛かっていただきたい。

この本を道しるべとして、皆さんが来るべき大恐慌を笑って乗り越え、さらにはピンチを逆手に大いなるチャンスを掴まれることを願ってやまない。

エピローグ

巨大トレンドは世界経済を粉々に打ち砕く

ついに、あなたは理解したことだろう。私たちが前代未聞の大惨事の直前に生きていることを。

ただし、カン違いしないでいただきたい。どのような時代にも生き残る人はいる。それどころか、事前にコトを予測できた人にとっては、こうしたとんでもない大変動こそ、大チャンスなのだ。前回の世界大恐慌の時にアメリカで起きたことは、最終的に壮大な二極化だった。五%の更なる富を手に入れた人々と、九五%の財産を大きく減らした人。そしてその九五%の約三割は全財産を失って、奈落の底へと転落していった。しかし、歴史の教訓を真摯に学び、生き残りの方策を手に入れた者には幸運の女神が微笑むはずだ。

そのために本書がある。

そして、最後にこれだけはあなたに忠告しておく。歴史のトレンドの破壊力だけは甘く見ない方が良い。今後一〇年に亘って、巨大トレンドは世界経済を粉々に打ち砕くであろう。したがって、本書を何回も読まれてそれへの対策を真剣に考え、実行して頂きたい。読者諸氏の幸運を祈る‼

二〇一六年一月吉日

浅井　隆

浅井隆からの重要なお知らせ
——国家破産を生き残るための具体的ノウハウ

来たる大恐慌への対策に特化した「大恐慌生き残り講座」

最近書籍その他で私が述べているように、国家破産の前に世界恐慌が二〇一七〜八年にやってきそうです。そのくらい現在の中国含め状況が悪いのです。ジョージ・ソロスもリーマンショックを超える大変な危機が来ると言っていま す。国家破産の前に恐慌に備えなければなりません。大恐慌への対策に特化した特別な講座を三回に分けて開催します。

「大恐慌生き残り講座」は二〇一六年（全三回、受講料実費）、第一回・八月二日（火）、第二回・十月五日（水）、第三回・十二月二二日（木）を予定しております。この講座では今までの発刊書籍や恐慌対策ノウハウを集約し、最新情報を随時更新してご提供いたします。

「大恐慌生き残り講座」は第二海援隊グループの経済トレンドレポート購読会員限定の講座です。ぜひ、経済トレンドレポートの購読ができるいずれかのクラブにご入会の上、ご参加ください。詳しいお問い合わせ先は、㈱第二海援隊

TEL：〇三（三二九一）六一〇六
FAX：〇三（三二九一）六九〇〇

厳しい時代を賢く生き残るために必要な情報収集手段

国家破産へのタイムリミットが刻一刻と迫りつつある中、生き残りのためには二つの情報収集が欠かせません。一つは「国内外の経済情勢」に関する情報収集、もう一つは「海外ファンド」に関する情報収集です。これについては新聞やテレビなどのメディアやインターネットでの情報収集だけでは絶対に不十分です。私はかつて新聞社に勤務し、以前はテレビに出演をしたこともありま

すが、その経験からいえることは「新聞は参考情報。テレビはあくまでショー（エンターテインメント）」だということです。インターネットも含め誰もが簡単に入手できる情報で、これからの激動の時代を生き残っていくことはできません。

皆様にとってもっとも大切なこの二つの情報収集には、第二海援隊グループ（代表　浅井隆）で提供する「会員制の特殊な情報と具体的なノウハウ」をぜひご活用ください。

"国家破産対策"の入口「経済トレンドレポート」

まず最初にお勧めしたいのが、浅井隆が取材した特殊な情報をいち早くお届けする「経済トレンドレポート」です。浅井および浅井の人脈による特別経済レポートを年三三回（一〇日に一回）格安料金でお届けします。経済に関する情報提供を目的とした読みやすいレポートです。新聞やインターネットではなかなか入手できない経済のトレンドに関する様々な情報をあなたのお手元へ。

さらに国家破産に関する『特別緊急情報』も流しております。「国家破産対策をしなければならないことは理解したが、何から手を付ければよいかわからない」という方は、まずこのレポートをご購読下さい。

具体的に〝国家破産対策〟をお考えの方に

そして何よりもここでお勧めしたいのが、第二海援隊グループ傘下で独立系の投資助言・代理業を行なっている「株式会社日本インベストメント・リサーチ」(関東財務局長(金商)第九二六号)です。この会社で二つの魅力的な会員制クラブを運営しております。私どもは、かねてから日本の国家破産対策のもっとも有効な対策として海外のヘッジファンドに目を向けてきました。そして、この二〇年に亘り世界中を飛び回りすでにファンドなどの調査に莫大なコストをかけて、しっかり精査を重ね魅力的な投資・運用情報だけを会員の皆様限定でお伝えしています。これは、一個人が同じことをしようと思っても無理な話です。また、そこまで行なっている投資助言会社も他にはないでしょう。

投資助言会社も、当然玉石混淆であり、特に近年は少なからぬ悪質な会社に対して、当局の検査の結果、業務停止などの厳しい処分が下されています。しかし「日本インベストメント・リサーチ」は、すでに二度当局による定期検査を受けていますが、行政処分どころか大きな問題点はまったく指摘されませんでした。これも誠実な努力に加え、厳しい法令順守姿勢を貫いていることの結果であると自負しております。

私どもがそこまで行なうのには理由があります。私は日本の「国家破産」を憂い、会員の皆様にその生き残り策を伝授したいと願っているからです。その生き残り策がきちんとしたものでなければ、会員様が路頭に迷うことになります。ですから、投資案件などを調査する時に一切妥協はしません。その結果、私どもの「ロイヤル資産クラブ」には多数の会員様が入会して下さり、「自分年金クラブ」と合わせると数千名の顧客数を誇り、今では会員数がアジア最大といわれています。

このような会員制組織ですから、それなりに対価をいただきます。ただそれで、私どもが十数年間、莫大なコストと時間をかけて培ってきたノウハウを得られるのですから、その費用は決して高くないという自負を持っております。まだクラブにご入会いただいていない皆様には、ぜひご入会いただき、本当に価値のある情報を入手して国家破産時代を生き残っていただきたいと思います。そして、この不透明な現在の市場環境の中でも皆様の資産をきちんと殖やしていただきたいと考えております。

一〇〇〇万円以上を海外投資へ振り向ける資産家の方向け「ロイヤル資産クラブ」

「ロイヤル資産クラブ」のメインのサービスは、数々の世界トップレベルのファンドの情報提供です。特に海外では、日本の常識では考えられないほど魅力的な投資案件があります。

ジョージ・ソロスやカイル・バスといった著名な投資家が行なう運用戦略としておなじみの「グローバル・マクロ」戦略のファンドも情報提供しています。

この戦略のファンドの中には、株式よりも安定した動きをしながら、目標年率リターンが一〇―一五％、目標通りスタート時から直近（二〇一四年一一月～二〇一五年一二月）までの一年一ヵ月の実績でプラス一六・四％になっているものもあります。また、二〇〇九年八月～二〇一五年一一月の六年三ヵ月の間で一度もマイナスになったことがなく、ほぼ一直線で年率リターン七・七％（米ドル建て）と安定的に推移している特殊なファンドや目標年率リターン二五％というハイリターン狙いのファンドもあります。もちろん他にもファンドの情報提供を行なっておりますが、情報提供を行なうファンドはすべて現地に調査チームを送って徹底的に調査を行なっております。

また、ファンドの情報提供以外のサービスとしては、現在保有中の投資信託の評価と分析、銀行や金融機関とのお付き合いの仕方のアドバイス、為替手数料やサービスが充実している金融機関についてのご相談、生命保険の見直し・分析、不動産のご相談など、多岐に亘っております。金融についてありとあらゆる相談が「ロイヤル資産クラブ」ですべて受けられる体制になっています。

詳しいお問い合わせ先は「ロイヤル資産クラブ」
TEL：〇三（三二九一）七二九一
FAX：〇三（三二九一）七二九二

一般の方向け「自分年金クラブ」

一方で、「自分年金クラブ」では「一〇〇〇万円といったまとまった資金はないけれど、将来に備えてしっかり国家破産対策をしたい」という方向けに、比較的「海外ファンド」の中では小口（最低投資金額が約三〇〇万円程度）で、かつ安定感があるものに限って情報提供しています。

「レラティブバリュー・コリレーション」という金融の最先端の運用戦略を使ったファンドも情報提供中です。この戦略のファンドの中に、年率リターン一一・二％（二〇一一年九月〜二〇一五年一二月）とかなりの収益を上げている一方で、一般的な債券投資と同じぐらいの安定感を示しているものもあります。債券投資並みの安定感で、年率リターンが二桁であることには驚きます。

また国家破産時代の資産防衛に関する基本的なご質問にもお答えしておりますので、初心者向きです。

詳しいお問い合わせ先は「自分年金クラブ」

TEL：〇三（三二九一）六九一六

FAX：〇三（三二九一）六九九一

※「自分年金クラブ」で情報提供を行なっているすべてのファンドは、「ロイヤル資産クラブ」でも情報提供を行なっております。

投資助言を行なうクラブの最高峰「プラチナクラブ」

会員制組織のご紹介の最後に「プラチナクラブ」についても触れておきます。メインのサービスは、「ロイヤル資産クラブ」と同じで、数々の世界トップレベルのファンドの情報提供です。ただ、このクラブは第二海援隊グループが行なう投資・助言業の中で最高峰の組織で、五〇〇〇万円以上での投資をお考えの方向けのクラブです（五〇〇〇万円以上は目安で、なるべくでしたら一億円以上が望ましいです。なお、金融資産の額をヒヤリングし、投資できる金額が二〇―三〇万米ドル（二四〇〇―三六〇〇万円）までの方は、原則プラチナクラブへの入会はお断りいたします）。

ここでは、ロイヤル資産クラブでも情報提供しない特別で希少な世界トップレベルのヘッジファンドを情報提供いたします。皆様と一緒に「大資産家」への道を追求するクラブで、具体的な目標としまして、「一〇年で資金を四―六倍（米ドル建て）」「二倍円安になれば八―一二倍」を掲げています。当初八〇名限定でスタートし、お申し込みが殺到したことでいったん枠がいっぱいになっていましたが、最近二〇名の追加募集をしております。ご検討の方はお早目のお問い合わせをお願いいたします。

詳しいお問い合わせ先は「㈱日本インベストメント・リサーチ」

TEL：〇三（三二九一）七二九一

FAX：〇三（三二九一）七二九二

海外移住をご検討の方に

さらに、財産の保全先、移住先またはロングステイの滞在先として浅井隆がもっとも注目する国——ニュージーランド。そのニュージーランドを浅井隆と共に訪問する、「浅井隆と行くニュージーランド視察ツアー」を二〇一六年一一月に開催いたします（その後も毎年一回の開催を予定しております）。ツアーでは、浅井隆の経済最新情報レクチャーがございます。

また、資産運用を行なう上でぜひお勧めしたいのが金融立国シンガポール。このシンガポールを視察する「シンガポール金融視察ツアー」も二〇一六年四月に第二海援隊グループの投資助言会社「日本インベストメント・リサーチ」の企画で開催いたします（その後も毎年一、二回の開催を予定しております）。海外の金融事情やファンドについてたっぷりレクチャーが聞けるのがこのツアーの最大のメリットです。

国家破産の本当の姿を知ることができる特別なツアー

国家破産によって何が起き、庶民の生活がどうなるのかを知ることは、国家破産対策を行なっていくうえで極めて重要です。浅井隆は、二〇年以上にも亘って国家破産の庶民レベルの実情を研究し、実際にロシア、トルコ、ジンバブエ、ギリシャなど国家破産や経済危機に見舞われた国々で苦境にあえぐ人々を直接取材し、貴重な情報を収集してまいりました。

近年、経済大国の不安定な経済動向を受けて、新興国経済が深刻な状況になりつつあります。特に南米アルゼンチンは二〇〇一年の国債デフォルト以降、再び深刻な財政危機に陥りつつあり、庶民生活にも悪い影響が出始めています。そこで、二〇一六年には浅井隆自らがアルゼンチンの生活実態を特別取材することに決定しました。また、これにあわせて、少人数限定で浅井隆の国家破産特別取材に同行するツアーを用意いたしました。このツアーは、国家破産の実情と本質を知るための「ホンモノの情報」を得られる極めて貴重な機会となるでしょう。国家破産に重大な関心を持つ方は、ぜひツアーにご参加いただき、人生観が変わるほどの経験をしていただきたいと思います。

また、アルゼンチン特別取材と合わせて、二〇一六年のオリンピック開催地であるブラジルも視察訪問いたします。五輪開催直前の様子と、ブラジル経済の温度を肌で体感できる、これまた絶好の機会です。さらにお楽しみとして、ブラジルとアルゼンチンの国境に位置し、世界三大瀑布の一つに数えられる「イグアスの滝」もたっぷり観光いたします（予定）。また、各滞在地では最高級ホテル、食事を手配いたします。あなたの一生の思い出になるツアーとなることでしょう。なお日程は六月一六日（木）～二七日（月）の八泊一二日を予定しています。

各ツアーに関する詳しいお問い合わせ先は「㈱日本インベストメント・リサーチ」

TEL：〇三（三二九一）七二九一

FAX：〇三（三二九一）七二九二

浅井隆のナマの声が聞ける講演会

著者・浅井隆の講演会を開催いたしますので、二〇一六年上半期の予定を記載します。福岡・四月八日（金）、大阪・四月二八日（木）、名古屋・四月二九日（金）、広島・五月二〇日（金）、東京・五月二八日（土）、札幌・六月三日（金）を予定しております。国家破産の全貌をお伝えすると共に、生き残るための具体的な対策を詳しく、わかりやすく解説いたします。

いずれも、活字では伝わることのない肉声による貴重な情報にご期待下さい。

第二海援隊ホームページ

また、第二海援隊では様々な情報をインターネット上でも提供しております。詳しくは「第二海援隊ホームページ」をご覧下さい。私ども第二海援隊グループは、皆様の大切な財産を経済変動や国家破産から守り殖やすためのあらゆる情報提供とお手伝いを全力で行なっていきます。

改訂版!! 別冊秘伝

必読です

浅井隆が世界をまたにかけて収集した、世界トップレベルの運用ノウハウ（特に「海外ファンド」に関する情報満載）を凝縮した小冊子を作りました。実務レベルで基礎の基礎から解説しておりますので、本気で国家破産から資産を守りたいとお考えの方は必読です。ご興味のある方は以下の二ついずれかの方法でお申し込み下さい。

①現金書留にて一〇〇〇円（送料税込）と、お名前・ご住所・電話番号および「別冊秘伝」希望と明記の上、弊社までお送り下さい。

②一〇〇〇円分の切手と、お名前・ご住所・電話番号および「別冊秘伝」希望と明記の上、弊社までお送り下さい。

郵送先　〒一〇一―〇〇六二　東京都千代田区神田駿河台二―五―一
住友不動産御茶ノ水ファーストビル八階

株式会社第二海援隊「別冊秘伝」係
TEL：〇三（三二九一）六一〇六
FAX：〇三（三二九一）六九〇〇
＊以上、すべてのお問い合わせ、お申し込み先・㈱第二海援隊
TEL：〇三（三二九一）六一〇六
FAX：〇三（三二九一）六九〇〇
Eメール　info@dainikaientai.co.jp
ホームページ　http://www.dainikaientai.co.jp

〈参考文献〉
【新聞・通信社】
『日本経済新聞』『産経新聞』『毎日新聞』『読売新聞』
『朝日新聞』『日刊ゲンダイ』『日経ヴェリタス』
『エコノミスト』『ブルームバーグ』『ニューズウィーク』
『フィナンシャル・タイムズ』『ロイター通信』

【書籍】
『日米金融交渉の真実――激烈な経済戦争はかく戦われた』（久保田勇夫・日経ＢＰ社）
『日米通貨交渉 20 年目の真実』（滝田洋一・日本経済新聞社）
『通商交渉 国益を巡るドラマ』（畠山襄・日本経済新聞社）
『拒否できない日本――アメリカの日本改造が進んでいる』（関岡英之・文春新書）
『世界大恐慌』（秋元英一・講談社）
『史料が語るアメリカ』（大下尚一・有賀貞・志邨晃佑・平野孝編・有斐閣）

【拙著】
『大不況サバイバル読本』（徳間書店）
『2010 年の衝撃』（第二海援隊）
『アナタノシゴト、モウアリマセン』（第二海援隊）
『全世界バブルが崩壊する日！〈上〉』（第二海援隊）
『株と不動産はあと 2 年でやめなさい！』（第二海援隊）
『世界恐慌か国家破産か〈パニック編〉〈サバイバル編〉』（第二海援隊）
『国債暴落サバイバル読本』（第二海援隊）
『東京は世界一バブル化する！』（第二海援隊）
『円もドルも紙キレに！ その時ノルウェークローネで資産を守れ』（第二海援隊）
『驚くべきヘッジファンドの世界』（第二海援隊）
『2017 年の衝撃〈上〉〈下〉』（第二海援隊）
『すさまじい時代〈上〉〈下〉』（第二海援隊刊）

【その他】
『週刊現代』『現代ビジネス』『週刊ポスト』『明日への選択』
『成蹊法学』
『イギリスにおける貧困認識の旋回――『ロンドンの見捨てられた人びとの悲痛な叫び』をめぐって』

〈参考文献〉

【ホームページ】

フリー百科事典『ウィキペディア』

『JBpress』『フォーブス　電子版』『東洋経済オンライン』

『ウォールストリート・ジャーナル電子版』

『ダイヤモンド・オンライン』『ITmedia ビジネスオンライン』

『ハーバービジネスオンライン』『ハフィントンポスト』

『人民日報（日本語電子版）』『サーチナニュース』『新華社通信』

『レコード・チャイナ』『朝鮮日報』『中央日報』『ZUU online』

『JCAST ニュース』『ザ・ニュースタンダード』『ＺＡＫＺＡＫ』

『税理士ドットコム』『Credit Suisse Hedge Fund Indexes』

『INTERNATIONAL BUSINESS TIMES 日本版』

『内閣府』『首相官邸』『外務省』『厚生労働省』『ＩＭＦ』

『公益財団法人国際通貨研究所』『日本貿易振興機構』

『金融広報中央委員会』『ブラジル日本商工会議所』

『在ベネズエラ日本国大使館』『在アルゼンチン日本国大使館』

『帝国データバンク』『日本総合研究所』『みずほ総合研究所』

『三菱 UFJ リサーチ＆コンサルティング』『三菱東京 UFJ 銀行』

『大和総研』『マネックス証券』『テレビ東京』『まぐまぐ！』

『ニッケイ新聞 WEB』『オフィスマガジン　オンライン』

『リアルネットワークス』『一橋大学経済研究所』

『世界史読本』『不思議館』『鈴木の世界史』『世界史の窓』

『伊藤元重講義資料』

〈著者略歴〉

浅井　隆（あさい　たかし）

経済ジャーナリスト。1954年東京都生まれ。学生時代から経済・社会問題に強い関心を持ち、早稲田大学政治経済学部在学中に環境問題研究会などを主宰。一方で学習塾の経営を手がけ学生ビジネスとして成功を収めるが、思うところあり、一転、海外放浪の旅に出る。帰国後、同校を中退し毎日新聞社に入社。写真記者として世界を股に掛ける過酷な勤務をこなす傍ら、経済の猛勉強に励みつつ独自の取材、執筆活動を展開する。現代日本の問題点、矛盾点に鋭いメスを入れる斬新な切り口は多数の月刊誌などで高い評価を受け、特に1990年東京株式市場暴落のナゾに迫る取材では一大センセーションを巻き起こす。
その後、バブル崩壊後の超円高や平成不況の長期化、金融機関の破綻など数々の経済予測を的中させてベストセラーを多発し、1994年に独立。1996年、従来にないまったく新しい形態の21世紀型情報商社「第二海援隊」を設立し、以後約20年、その経営に携わる一方、精力的に執筆・講演活動を続ける。2005年7月、日本を改革・再生するための日本初の会社である「再生日本21」を立ち上げた。主な著書：『大不況サバイバル読本』『日本発、世界大恐慌！』（徳間書店）『95年の衝撃』（総合法令出版）『勝ち組の経済学』（小学館文庫）『次にくる波』『2014年日本国破産〈警告編〉〈対策編①②③〉〈海外編〉〈衝撃編〉』『Human Destiny』（『9・11と金融危機はなぜ起きたか!?〈上〉〈下〉』英訳）『あと２年で国債暴落、１ドル＝250円に!!』『東京は世界１バブル化する！』『株は２万2000円まで上昇し、その後大暴落する!?』『円もドルも紙キレに！　その時ノルウェークローネで資産を守れ』『あと２年』『円崩壊』『驚くべきヘッジファンドの世界』『いよいよ政府があなたの財産を奪いにやってくる!?』『2017年の衝撃〈上〉〈下〉』『ギリシャの次は日本だ！』『すさまじい時代〈上〉〈下〉』（第二海援隊）など多数。

世界恐慌前夜

2016年2月26日　初刷発行

著　者　浅井　隆
発行者　浅井　隆
発行所　株式会社　第二海援隊
〒101-0062
東京都千代田区神田駿河台２-５-１　住友不動産御茶ノ水ファーストビル８Ｆ
電話番号　03-3291-1821　　FAX番号　03-3291-1820

印刷・製本／中央精版印刷株式会社

ISBN978-4-86335-168-4

第二海援隊発足にあたって

日本は今、重大な転換期にさしかかっています。にもかかわらず、私たちはこの極東の島国の上で独りよがりのパラダイムにどっぷり浸かって、まだ太平の世を謳歌しています。

しかし、世界はもう動き始めています。その意味で、現在の日本はあまりにも「幕末」に似ているのです。ただ、今の日本人には幕末の日本人と比べて、決定的に欠けているものがあります。それこそ、志と理念です。現在の日本は世界一の債権大国(＝金持ち国家)に登り詰めはしましたが、人間の志と資質という点では、貧弱な国家になりはててしまいました。それこそが、最大の危機といえるかもしれません。

そこで私は「二十一世紀の海援隊」の必要性を是非提唱したいのです。今日本に必要なのは、技術でも資本でもありません。志をもって大変革を遂げることのできる人物と、それを支える情報です。まさに、情報こそ〝力〟なのです。そこで私は本物の情報を発信するための「総合情報商社」および「出版社」こそ、今の日本にもっとも必要と気付き、自らそれを興そうと決心したのです。

しかし、私一人の力では微力です。是非皆様の力をお貸しいただき、二十一世紀の日本のために少しでも前進できますようご支援、ご協力をお願い申し上げる次第です。

浅井　隆